Atlas de la Rome antique

Déjà parus dans la collection Atlas/Mémoires

- Atlas du débarquement et de la bataille de Normandie
- Atlas des Vikings

A paraître
- Atlas des croisades
- Atlas de la Première Guerre mondiale

Atlas de la Rome antique, collection « Atlas/Mémoires », publié par les Editions Autrement, 17 rue du Louvre, 75001 Paris. Tél. : (1) 40. 26. 06. 06. Fax : (1) 40. 26. 00. 26.

Edition originale parue en langue anglaise sous le titre The Penguin Historical Atlas of Ancient Rome, publié en 1995 en Grande-Bretagne par Penguin Books Ltd, 27 Wrights Lane, W8 5TZ Londres.

Edition anglaise : ISBN 0-14-0-51329-9

ISBN : 2-86260-568-9.
Dépôt légal : 1er trim. 1996.
Imprimé et broché en Grande-Bretagne.

Atlas de la Rome antique

CHRIS SCARRE

Traduit de l'anglais par Camille Cantoni
Préface de Jacques Gaillard

Cet ouvrage a été traduit avec le soutien du Centre national du Livre

Editions Autrement

Collection Atlas/Mémoires

Préface

Douze siècles d'histoire, de Romulus à Romulus Augustule, des premières cabanes sur le Palatin au déferlement des Barbares sur un empire éclaté. L'histoire de Rome est longue - mais c'est aussi l'histoire d'un espace.

La ville primitive règne sur quelques collines, mais l'Empire s'étendra de l'Atlantique à la Mésopotamie, des Iles britanniques aux confins du Soudan, de la Maurétanie à l'Ukraine. Cet espace lentement conquis et difficile à gouverner, ce patchwork de cultures et de paysages trouve une relative unité dans l'effort des Romains pour lui conférer une même culture politique.

Déjà, Tite-Live s'émerveillait de cette réussite romaine, et Virgile saluait le destin des Romains : « Souviens-toi, Romain, d'imposer aux peuples ton empire ! Tes arts à toi sont d'édicter les lois de la paix entre les nations, d'épargner les vaincus, de dompter les rebelles ! » Tel était le destin, voulu peut-être par les dieux ; l'histoire fut œuvre humaine, donc laborieuse, et c'est au prix de bien des « miracles romains » que Rome sut croître, conquérir, régner et civiliser.

On suivra, dans cet *Atlas de la Rome antique*, les phases de cette réussite, en parcourant - sont-ils dissociables ? - l'espace et le temps de la Romanité. On y rencontrera, en chapitres succincts, les instruments du pouvoir, les grands mouvements culturels et artistiques, les villes et les techniques. On ne peut rendre sensible la complexité d'un si vaste mouvement historique qu'en le stylisant, c'est-à-dire en cherchant des représentations caractéristiques, des traits suggestifs, une synthèse éloquente. Cocteau affirmait que le style consiste à dire en mots simples des choses compliquées : le « style » de cet atlas met en œuvre cette démarche intelligente.

La méthode consiste à proposer d'abord, pour chaque grande période de cette longue histoire, une introduction synthétique, qui permet de voir l'enchaînement des événements et de mettre en relief les données essentielles. Cela donne cinq parties, de la fondation de la ville à l'écroulement de l'Empire, et il est bon que cette division, contrairement à une certaine tradition de nos études, fasse à l'histoire de l'Empire la place qu'elle mérite, sans privilégier la Rome républicaine, ni donner l'impression qu'après Trajan ou Antonin, une sorte de flou vient altérer l'image fort raisonnable que l'on a de l'ordre romain. Ensuite, présentés en double page, les chapitres exposent avec clarté, documents à l'appui, les grands moments et les grands problèmes de chaque période. C'est là que les cartes et les plans s'avèrent excellents : au développement toujours un peu abstrait du récit événementiel, ils apportent le bénéfice d'une représentation concrète. Qu'il s'agisse d'estimer les guerres civiles comme « guerres mondiales » avant l'heure, d'observer les étapes de l'expansion romaine, ou de s'informer sur les techniques ou les structures du pouvoir, les documents proposés permettent de prendre la juste mesure des problèmes. A ce titre, les « cartes historiques », d'une conception toujours difficile, mais ici fort réussie, méritent une particulière attention, et le lecteur, j'en suis convaincu, appréciera leur grande lisibilité. De même, les reproductions photographiques de pièces ou de sites archéologiques, toujours accompagnées de légendes précises, répondent agréablement à notre curiosité de l'« objet antique », tant pour sa beauté que pour sa valeur documentaire.

Sans prétendre être exhaustif - comment l'être, en l'état de notre science de l'Antiquité ? -, ce livre a le mérite de faire se côtoyer et se compléter les mots et les objets, le récit et les images, la description et les cartes. On se transporte ainsi du temps à l'espace, et souvent la synthèse du regard (par exemple, quels voyages accomplit un empereur dans le monde qu'il domine ?) en dit bien davantage que l'explication raisonnée d'une politique. Oui, le regard accommode sur la réalité des choses et des institutions, et leur restitue une densité qui ne peut qu'alimenter non seulement l'information, mais aussi la réflexion.

Souvent, dans nos enseignements, nous avons à déplorer la difficulté qu'éprouvent les étudiants à se *représenter* le monde antique. Sans doute cette difficulté est-elle encore plus grande pour le public cultivé et curieux qui s'interroge sur le lointain passé de notre culture. Ce livre, j'en suis convaincu, aidera les uns et les autres à mieux comprendre ce que fut Rome, et ce qu'il en reste dans notre mémoire culturelle.

Car ce que l'on voit naître, dans ces pages, n'est-ce point, entre autres, notre Europe ?

Jacques Gaillard,
Université de Strasbourg.

Sommaire

Chris Scarre est archéologue à l'université de Cambridge et éditeur de *The Cambridge Archaelogical Journal.* Il a édité *Past Worlds : The Times Atlas of Archaelogy* (Times Books, 1981) et écrit *Timelines of the Ancient World* (Dorling Kindersley / Smithsonian, 1993).

Chronologie : 800-85 av. J.-C.

L'ETAT ROMAIN

Avant Jésus-Christ

vers 800-750 Age de Fer ; villages de cabanes sur le mont Palatin
753 Fondation mythique de Rome par Romulus

642-617 Expansion du pouvoir romain, qui inclue la Méditerranée
vers 616-510 Rome est sous domination étrusque

534-510 Rome contrôle 350 m^2 de territoire
510 Institution de la République sous deux consuls, élus tous les ans

451-450 Le Décemvir (commission de dix hommes) assure des fonctions juridiques

396 Les Romains prennent la cité étrusque Véies
390 Les Celtes pillent Rome

356 Premier dictateur plébéien, G. Marcus Rutilus

343-341 Première guerre Samnite
340-338 Guerre Latine ; Rome annexe le Latium
327-304 Deuxième guerre Samnite

298-290 Troisième guerre Samnite. Le territoire romain s'étend de la baie de Naples à l'Adriatique
281-275 Les Romains refoulent l'invasion de Pyrrhus, roi d'Epire

264-241 La première guerre Punique donne aux Romains le contrôle de la Sicile

218-201 Deuxième guerre Punique : les Romains refoulent l'invasion de l'Italie menée par Hannibal et conquièrent une grande partie de l'Espagne

202-191 Les Romains conquièrent la Gaule cisalpine
190 Les Romains sont victorieux d'Antiochos III à Magnésie

149-146 Troisième guerre Punique : les Romains détruisent Carthage ; l'Afrique province romaine
146 Mummius pille Corinthe ; la Grèce province romaine (l'Achaïe)

135-132 Révolte d'esclaves en Sicile
133 Les réformes du tribun Tiberius Gracchus provoquent son assassinat

123-122 Assassinat du tribun Caius Gracchus, qui avait cherché à imposer ses réformes

107-100 Marius maître à Rome
102 Marius défait les Teutons et (en 101) les Cimbres
91-89 Guerre Sociale : Rome vainc ses alliés italiens qui s'étaient rebellés, mais leur accorde des concessions importantes

MONUMENTS ET ARCHITECTURE

vers 600 Le Forum est conçu comme espace public

510 (tradition) Temple de Jupiter Capitolin

484 Dédicace du Temple de Castor

378 Enceinte servienne bâtie autour de Rome

344 Temple de Junon Moneta

312 Création de la Via Appia et de l'Aqua Appia par le censeur Appius Claudius

281 La Via Appia est prolongée jusqu'à Tarente

174 Reconstruction du Cirque Maxime

146 Temple de Jupiter Stator, premier temple en marbre à Rome
144 Aqua Marcia
142 Pont Aemilius

121 Via Domitia

LITTERATURE ET PHILOSOPHIE

486 Mort de Bouddha

470 Mort de Confucius

399 Mort de Socrate

vers 380 Platon (427-347) fonde l'Académie à Athènes

290 Fondation de la Bibliothèque d'Alexandrie

Plaute (254?-184): comédies

Ennius (239-169) : annales, théâtre

Polybe (203?-120) : *Histoires* (grec)

Térence (190?-159) : comédies

161 Les philosophes grecs chassés de Rome

149 Publication des *Origines* de Caton

ASIE, AFRIQUE ET MEDITERRANEE

814 (tradition) Fondation de Carthage

vers 750 Colonies grecques en Sicile et en Italie

vers 600 Colonie grecque à Massilia (Marseille)
vers 550 L'Empire perse est gouverné par Cyrus

525 Conquête de l'Egypte par le roi perse Cambyse

480 Les Perses vaincus par les Grecs à la bataille de Salamine

447 Début de la construction du Parthénon

431-404 Guerre du Péloponèse entre Sparte et Athènes

353 Mausolée d'Halicarnasse

343 Le dernier pharaon égyptien est chassé par les Perses

333-323 Alexandre le Grand conquiert l'Empire perse
Le morcèlement de l'empire d'Alexandre donne lieu à l'établissement de monarchies hellénistiques : le royaume ptolémaïque en Egypte (304), l'Empire séleucide en Syrie et au Moyen-Orient
272-232 L'empereur maurien Ashoka introduit le bouddhisme en Asie du Sud
240 La Bactriane et la Parthie se séparent de l'Empire séleucide
237-218 Les Carthaginois conquièrent le sud de l'Espagne
221-206 La dynastie Qin unifie la Chine, qui forme un Etat unique
206 Mort de Shih-Huang-Ti premier empereur de Chine
202 Réunification de la Chine sous la dynastie Han

170 Expansion du royaume gréco-bactre sous Démétrius et Eucratide
156-187 Wu-Ti très-auguste empereur de Chine, issu de la dynastie Han

141 Les Parthes conquièrent la Mésopotamie

130 Le royaume gréco-bactre tombe aux mains des Kushans

112 Devenu roi du Pont, Mithridate conquiert la Crimée
106 Premiers échanges commerciaux (par caravanes) entre la Parthie et la Chine

De 84 av. J.-C. à 99 ap. J.-C.

L'EMPIRE ROMAIN

83-79 Guerre civile : Sylla devient dictateur et se débarrasse de ses opposants

73-71 Spartacus dirige la révolte des esclaves à Capoue

64 Pompée conquiert la Syrie
63 Les Romains annexent la Judée
60 Premier Triumvirat : Pompée, César, Crassus
58-51 César conquiert la Gaule
53 Crassus est vaincu et tué par les Parthes à Carrhes

48 César est vainqueur de Pompée à Pharsale. Pompée fuit en Egypte, où il est assassiné
45 César défait les partisans de Pompée à Munda
44 César dictateur à vie ; assassiné par Brutus et Cassius
43 Assassinat de Cicéron. Second Triumvirat (Antoine, Octave, Lépide) renforcé par le mariage d'Antoine et d'Octavie, sœur d'Octave
42 Défaite de Brutus et Cassius à Philippes

37 Antoine épouse Cléopâtre à Antioche
31 Antoine et Cléopâtre vaincus par Octave et Agrippa à la bataille navale d'Actium
30 Antoine et Cléopâtre se suicident. Octave règne en seul maître sur Rome. L'Égypte province romaine
27 Octave prend le titre d'Auguste

12-9 Les Romains se rendent maîtres de la Germanie jusqu'à l'Elbe

Après Jésus-Christ

6 Abandon d'un plan de conquête de l'Europe centrale après la rébellion des Balkans
9 Les Germains exterminent trois légions dirigées par Varus. Les Romains reportent leur frontière sur le Rhin

14 Mort d'Auguste, auquel succède son petit-fils Tibère
17 Cappadoce et Commagène provinces romaines

27 Tibère se retire à Capri

37 Mort de Tibère, auquel succède Caïus (Caligula)
41 Assassinat de Caligula ; Claude empereur
42 Annexion de la Maurétanie
43 Invasion de la Bretagne. La Lycie province romaine
54 Mort de Claude ; Néron empereur
60 Révolte des Icènes en Bretagne, écrasée en 61
64 Incendie de Rome et première persécution des chrétiens
66 Révolte juive
68-9 Révolte de Vindex et suicide de Néron. Guerre civile. Vespasien empereur
70 Pillage de Jérusalem

79 L'éruption du Vésuve détruit Pompéi et Herculanée

96 Assassinat de l'empereur Domitien ; Nerva empereur
97 Nerva adopte Trajan
98 Trajan empereur

MONUMENTS ET ARCHITECTURE

vers 80 Temple de la Fortune à Préneste
78 Tabularium à Rome

62 Pont Fabricius

55 Théâtre de Pompée

46 Forum de Jules César

28 Restauration de Carthage, devenue colonie romaine
28 Mausolée d'Auguste
27 Panthéon de Marcus Agrippa

13 Théâtre de Marcellus
9 Autel de la Paix (Auguste)
2 Forum d'Auguste

14 Pont du Gard, aqueduc situé près de Nîmes
15 Poteries de Samos trouvées en Gaule

21-22 Castra praetoria (Camp des cohortes prétoriennes)

64 Maison Dorée de Néron

80 Arc de Tirus, Domus Flavia sur le Palatin

LITTERATURE ET PHILOSOPHIE

Lucrèce (99?-55) : poème philosophique *De la nature*

Catulle (84?-54) : épigrammes et poèmes

Jules César (100-44) : *La Guerre des Gaules ; La Guerre Civile*

46 Jules César réforme le calendrier

Salluste (86-35) historien : *Guerre de Jugurtha ; Conspiration de Catilina*

Varron (116-27) : *De l'Agriculture*

Virgile (70-19) : *Géorgiques ; Eglogues* ; son poème épique l'*Enéide* fait le lien entre la fondation de Rome et la Troie d'Homère

Strabon (58? av. J.-C., 21 ap. J.-C.) écrit sa *Géographie* à Alexandrie
Horace (65-8) : *Odes, Carmen Saeculare* (le Chant séculaire)

Tite-Live (59 av. J.-C., 17 ap. J.-C.) rédige l'histoire « officielle » de Rome

Ovide (43 av. J.-C., 18 ap. J.-C.) : *L'Art d'aimer ; les Métamorphoses.* Exilé sur la côte de la mer Noire par Auguste en l'an 8 ap. J.-C.

Héron d'Alexandrie (?50) trouve les rudiments de la turbine à vapeur
Sénèque (m. 65) : tragédies et écrits philosophiques
Lucain : La *Pharsale*, poème héroïque
Pétrone (m. 66) : *Le Satyricon*, roman comique. Persécutés par Néron, ces trois écrivains finissent par se suicider
Flavius Josèphe (34-98?): *La Guerre Juive ; Antiquités judaïques*
Pline l'Ancien (23-79) : *Histoire naturelle.* Meurt asphyxié tandis qu'il observait l'éruption du Vésuve

Martial (40-104) : *Epigrammes*
Tacite (55?-117?) : *Annales ; Histoires ; Vie d'Agricola ; Germanie*

ASIE ET AFRIQUE

55 Hemaus, dernier roi indo-bactre, défait par les Scythes
51 Ptolémée XXII et Cléopâtre reine d'Egypte

37 Invasion de la Syrie par les Parthes

25 Aelius Gallus mène une expédition au Marib (Yemen)
19 Hérode fait rebâtir le Temple de Jérusalem

9 Wang-Mang renverse la dynastie Han en Chine

25 La dynastie Han retrouve le pouvoir

29 Crucifixion du Christ

60 Néron monte une expédition pour explorer Méroé (Soudan)

91 Les Chinois sont vainqueurs des Hsiung-nu (Huns) en Mongolie

97 L'ambassadeur chinois Kan Ying visite Antioche

De 100 à 363 ap. J.-C.

L'ETAT ROMAIN

101-102 Première guerre Dacique
105-106 Seconde guerre Dacique ; la Dacie province romaine
106 Annexion de l'Arabie

113-117 Campagne contre les Parthes : annexion de l'Arménie et de la Mésopotamie du Nord. Mort de Trajan, auquel succède Hadrien, qui met fin à la politique d'expansion

122 Hadrien consolide la frontière entre Rhin et Danube

130 L'Aelia Capitolina, colonie militaire instaurée sur le site de Jérusalem, provoque une révolte des Juifs

138 Mort d'Hadrien, auquel succède Antonin le Pieux

161 Marc Aurèle et Lucius Vérus empereurs
165 Prise de Doura-Europos par les Romains, qui pillent la capitale parthe Ctésiphon
167 Quades et Marcomans envahissent l'Italie et assiègent Aquilée
168-175 Guerres contre les Quades et les Marcomans

192-193 L'assassinat de Commode provoque une guerre civile qui s'achève sur le couronnement de Sévère
198 Sévère prend Nisibis et pille Ctésiphon. La Mésopotamie du Nord province romaine
209-211 Campagnes de Sévère en Ecosse. Il meurt à York
212 Caracalla étend le droit de cité à tous les hommes libres habitant l'Empire

217 Assassinat de Caracalla

230 Invasion de la Mésopotamie par les Perses
237-238 Les Perses attaquent la Mésopotamie

250 Persécution des chrétiens par l'empereur Dèce
251 Dèce tué au cours d'un combat contre les Goths
253 Prise d'Antioche par les Perses
254 Les Marcomans attaquent Ravenne
256 La flotte gothique attaque l'Asie Mineure, les Francs attaquent le Bas -Rhin
260 L'empereur Valérien fait prisonnier par les Perses. Postumus fonde l'empire de Gaule qui se détache de Rome
268 Gallien défait les Goths à Naissus, mais il est assassiné peu après
270 Aurélien empereur. Abandon de la Dacie
273 Aurélien reprend les empires de Gaule et Palmyre
282 Carus envahit la Perse

293 Dioclétien établit la tétrarchie
303-305 Grande Persécution des chrétiens
306 Dioclétien et Maximien abdiquent le pouvoir
313 Les chrétiens retrouvent la liberté de culte

324 Constantin seul au pouvoir
325 Concile de Nicée
330 Constantinople devient la capitale de l'Empire
337 Mort de Constantin ; l'Empire est partagé entre ses deux fils
356-360 Julien combat les Francs et les Alamans en Gaule
363 L'empereur Julien tué au cours d'un combat contre les Perses

MONUMENTS ET ARCHITECTURE

100 Fondation de la colonie romaine de Timgad

112 Forum et colonne de Trajan

118 Reconstruction du Panthéon

122 Mur d'Hadrien

124 Bibliothèque et arc d'Hadrien à Athènes

138 Achèvement de l'aqueduc de Zaghouan destiné à ravitailler Carthage en eau

193-211 Aile séverienne du palais sur le Palatin, Septizonium, arc de Sévère

216 Thermes de Caracalla

271 Mur d'Aurélien entourant Rome

vers 315 Achèvement de la Basilica Nuova

329 Achèvement de Saint-Pierre-de-Rome

324-337 Grand Palais, églises des Saints-Apôtres et de Sainte-Irène (Constantinople)
360 Achèvement de la première église Sainte-Sophie (Constantinople)

LITTERATURE ET PHILOSOPHIE

Pline le Jeune (61-113) : *Panégyrique de Trajan* ; 10 volumes de correspondance

Plutarque (45?-125) : *Vies parallèles* (en grec) des Grecs et des Romains

Juvénal (60-130?) : *Satires*

Claude Ptolémée (?90-168) : compile son *Guide géographique* à Alexandrie

Suétone (75?-160?) : *Vies des douze Césars ; Hommes illustres*

Apulée (125?-?) : *L'Ane d'or*

Poème anonyme : *Pervigilium Veneris* (les Veilles de Vénus)

Marc Aurèle (121-180) : *Méditations* (en grec)

Tertullien (150?-230) : *Apologétique ; La Chair du Christ*

Dion Cassius (150?-230) : *Histoire de Rome* (en grec)

L'ouvrage dit *Itinéraire antonin* fait l'inventaire des routes et distances de l'Empire romain

Plotin (205-269), philosophe néo-platonicien, influent à Rome

269 Saint Antoine se fait ermite et fonde le monachisme oriental

ASIE ET AFRIQUE

105 Invention du papier en Chine

166 Une ambassade de Marc Aurèle atteint la Chine

220 Chute de la dynastie Han en Chine
226 Les dirigeants parthes d'Iran renversés par la dynastie perse des Sassanides

Le persan Mani (216-277) fonde la religion manichéenne

252 Première invasion de la Syrie par les Perses

259 Seconde invasion de la Syrie par les Perses

304 Les Hsiung-Nu (Huns) envahissent la Chine

De 364 à 540 ap. J.-C.

EMPIRE D'OCCIDENT

364 L'Empire est divisé entre deux frères, Valentinien (Occident) et Valens (Orient)

401-402 Stilichon refoule l'invasion des Wisigoths en Italie. La cour impériale quitte Milan pour Ravenne

406 Vandales, Alains et Suèves traversent le Rhin et dévastent la Gaule

408 Stilichon est accusé de trahison et exécuté

410 Pillage de Rome par les Wisigoths. l'empereur Honorius dit aux Bretons d'assurer seuls leur défense

418 Les Wisigoths établissent leur capitale à Toulouse

vers 425-500 Angles, Saxons et Jutes s'établissent en Bretagne

429-430 Les Vandales conquièrent l'Afrique du Nord

451 Aetius repousse les Huns

455 Les Vandales, menés par Gaiseric, pillent Rome

476 Le dernier empereur d'Occident est banni. Odoacre devient roi de Rome

482 Clovis roi des Francs

493 Théodoric roi de Rome

507 Les Francs chassent de la Gaule les Wisigoths qui passent en Espagne

511 Mort de Clovis ; division du royaume franc

529 Benoît de Nursie fonde l'ordre des Bénédictins à Mont-Cassin

540 Reconquête de l'Italie par les Byzantins

EMPIRE D'ORIENT

378 Valens défait et tué par les Goths à la bataille d'Andrinople

391 Théodose frappe d'interdit le paganisme
396 Les Wisigoths pillent la Grèce

408 Mort d'Arcadius. Théodose II empereur d'Orient

421-422 Les Romains d'Orient sont vainqueurs des Perses, mais vaincus par les Huns dans les Balkans

451 Concile de Chalcédon

475-477 L'empereur Zénon renversé un temps par l'usurpateur Basile

481 Zénon fait consul l'Ostrogoth Théodoric
488 Zénon charge Théodoric d'asservir l'Italie
491 Anastase devient empereur d'Orient

527 Justinien devient empereur d'Orient

MONUMENTS ET ARCHITECTURE

375 Aqueduc de Valens (Constantinople)

413 Murs de Théodose (Constantinople)

424 Mausolée de Galla Placidia (Ravenne)

480 Eglise de Qa'lat Sama'an (Saint-Siméon-le-Stylite) en Syrie

526 Mausolée de Théodoric (Ravenne)

532 Justinien entame la reconstruction de Sainte-Sophie

LITTERATURE ET PHILOSOPHIE

Zosime : *Nouvelle Histoire* (en grec)
Ammianus Marcellinus (330?-393?), dernier grand historien romain
Histoire d'Auguste, compilée
Eunape (345-420) : *Vies des Sophistes* (en grec)

vers 400 *Notitia Dignitatum*, inventaire des postes civils et militaires impériaux

Claudien (m. 404) : poèmes

Saint Augustin de Hippone (354-430): *Confessions ; La Cité de Dieu*

438 Code Théodosien

431-489 Sidoine Apollinaire, écrivain gallo-romain

431 Boèce (470?-525) : *Consolation de la Philosophie*

528-529 Justinien : *Code des Lois Civiles*

Cassiodore (490?-583) : *Variae* (correspondance)

ASIE ET AFRIQUE

375 Les Huns vainqueurs des Goths sur le Dniepr ; ils fuient en direction du Danube et du territoire romain

379 Le bouddhisme devient religion d'Etat en Chine

484 Firuz Shâh, roi persan, tué par les Huns

I De la ville à l'Empire

Rome était à l'origine un modeste village situé dans une région d'Italie appelée Latium. Qui aurait pu prévoir que ce petit regroupement de population, qui n'était qu'un des centres locaux appelés au cours des VIIe et VIe siècles à devenir des villes, finirait par dominer non seulement l'Italie, mais aussi l'ensemble du monde méditerranéen ?

Les Etrusques étaient d'admirables sculpteurs de bronze. Cette chimère (animal mythique) en bronze a été trouvée près d'Arezzo. Elle date du IVe siècle av. J.-C.

Notre connaissance de la Rome primitive se fonde sur les récits traditionnels - rédigés par Tite-Live, puis par d'autres historiens plusieurs siècles plus tard – et les découvertes archéologiques. La légende veut que la généalogie des Romains commence avec Enée, le héros qui échappa au pillage de Troie en portant son père Anchise sur ses épaules. Ses pérégrinations le menèrent jusqu'à Carthage, où il rencontra Didon, dont il s'éprit, avant de l'abandonner et de s'installer dans le Latium. C'est là que son fils fonda la ville d'Albe-la-Longue, dont les rois furent les ancêtres directs de Romulus et Rémus, fondateurs de Rome.

L'histoire diffère de la légende. Troie, nous le savons aujourd'hui, fut détruite au XIIIe ou XIIe siècle av. J.-C., et la fondation de Carthage date au plus tôt du IXe ou VIIIe siècle. Pure fiction également, l'idée selon laquelle des réfugiés troyens cherchèrent asile en Italie centrale. En revanche, le récit de la fondation de Rome par Romulus et Rémus est proche de la vérité historique. En effet, au VIIIe siècle, deux villages situés l'un sur le Quirinal, l'autre sur le Palatin, formèrent un village unique. Cet événement correspond à peu près à la date mythique de la fondation de Rome en 753 av. J.-C.

On a pu se représenter très fidèlement la Rome primitive grâce à la découverte, au début de notre siècle, de vestiges de huttes ovales sur le mont Palatin, et de sépultures (par inhumation ou par crémation, avec des « urnes-cabanes ») dans la vallée du Forum et sur le mont Esquilin. Certaines de ces sépultures remontent au Xe siècle av. J.-C., soit bien avant

Le plus impressionnant site étrusque actuel est le cimetière de Banditaccia, à Cerveteri. Créée au VIIe siècle, cette vaste nécropole est jalonnée de larges tombes circulaires, taillées dans le roc pour la plupart, et couronnées de tertres en forme de dôme. Autour de ces tombeaux on trouve des groupes de lieux funéraires plus modestes avec des « allées » de tombes rectangulaires.

Les Etrusques construisirent les premières routes et les premiers ponts en Italie centrale. La route qui partait de la ville étrusque de Vulci en direction du nord traversait la vallée étroite et profonde du fleuve Fiora sur le Ponte della Badia. A l'origine, ce pont reposait sur des piliers de pierre soutenant un tablier de bois qui furent remplacés par des arches de pierre vers le Ier siècle av. J.-C.

la fondation supposée de Rome par Romulus. La Rome naissante ne tarda pas à entrer en guerre avec ses puissants voisins, les Sabins. La tradition raconte que Romulus invita les Sabins à une fête au cours de laquelle les Romains enlevèrent les Sabines pour en faire leurs épouses. Là encore, la légende comporte quelque vérité : l'influence des Sabins fut très grande sur la Rome primitive, et le pacte final qui donna le gouvernement de Rome successivement à un roi romain et à un roi sabin rappelle l'origine de Rome, c'est-à-dire l'alliance de deux communautés ethniquement distinctes.

Du village à la ville

Les quatre premiers rois n'étaient pas des monarques puissants, mais de modestes chefs de village. Au cours du VIIe siècle, le site se transforma : on vit apparaître des toits de tuile, des pavements de pierre. Surtout, le Forum fut asséché et devint une place publique, puis le centre de la vie politique. En même temps apparaissaient de nouveaux dirigeants : les Etrusques.

La légende veut que le premier chef étrusque, Tarquin l'Ancien, ait pris le pouvoir pacifiquement en se conciliant l'appui des familles les plus influentes. Sans doute avait-il beaucoup à offrir aux premiers Romains : il contrôlait un réseau florissant de cités-Etats au nord de Rome, elle-même située à un point stratégique puisqu'elle offrait un passage sur le Tibre qui ouvrait le Latium et des régions plus reculées encore. Rome ne devint jamais une cité-Etat étrusque au sens strict du terme, mais elle en prit les caractéristiques. Elle avait une importance particulière aux yeux des Etrusques qui avaient étendu vers le sud, en Campanie, une zone d'influence considérable : le pont sur le Tibre devenait alors une artère stratégique entre le centre et les avant-postes méridionaux.

Les Etrusques dotèrent Rome de l'écriture (un alphabet qu'eux-mêmes avaient emprunté aux Grecs), de monuments publics (dont le temple de Jupiter sur le Capitole), et d'une nouvelle organisation politique, sociale et militaire. Le symbole traditionnel du pouvoir, les *fasces* (bottes de verges liées autour d'une hache, qui ont donné son nom au fascisme), a également une origine étrusque. Rome devint le maître incontestable d'une grande partie du Latium qui s'étendait des monts Albains à l'est, jusqu'à l'embouchure du Tibre à l'ouest. Alors que les familles étrusques s'implantaient dans la ville, comme en témoignent les inscriptions étrusques que l'on a retrouvées, les Romains conservèrent leur langue. Ce n'est pas sans peine qu'ils finirent par se libérer de cette tutelle.

La naissance de la République

Les Etrusques gouvernèrent Rome pendant un peu plus d'un siècle ; les dates traditionnellement retenues sont 616 av. J.-C. pour l'accession au trône du premier roi étrusque, et 509 av. J.-C. pour la fin du règne du dernier, Tarquin le Superbe. (Dans l'intervalle régna Servius Tullius, gendre de Tarquin l'Ancien.) Tite-Live rapporte que c'est le viol de Lucrèce par Sextus, fils de Tarquin le Superbe, qui incita à la rébellion un groupe d'aristocrates romains menés par Lucius Junius Brutus. Les Tarquins furent chassés de Rome, et on établit une nouvelle constitution donnant le pouvoir à un Sénat (assemblée des citoyens dirigeants) qui remettait la charge du pouvoir exécutif à deux consuls élus pour un an parmi les sénateurs. Ainsi naquit la République romaine.

L'histoire fut plus complexe en réalité, car les Tarquins n'abandonnèrent pas si facilement le contrôle de leur tête de pont sur le Tibre. Tarquin le Superbe chercha du secours auprès du Lars Porsenna, qui gouvernait la ville étrusque de Clusium. D'après Tite-Live, les Romains repoussèrent l'attaque, connue pour l'héroïque résistance d'Horatius Coclès sur le pont du Tibre ; il est plus probable que Porsenna reprit Rome momentanément. Les villes latines s'allièrent à Rome pour rejeter le joug étrusque, remportant à Aricie une importante victoire, en 506 av. J.-C. Cette victoire permit aux villes latines de jouir de l'indépendance politique, malgré la persistante influence culturelle des Etrusques.

Mais la victoire d'Aricie ne mit pas fin aux problèmes de Rome, car la nouvelle constitution n'était pas sans défauts, et il restait de puissants ennemis à l'extérieur. L'une des menaces intérieures venait des querelles intestines entre grandes familles - les patriciens -, qui bénéficiaient du soutien d'une clientèle nombreuse dont elles usaient à l'occasion pour peser sur le pouvoir de l'Etat. Autre menace : la lutte entre les patriciens et le reste de la population, en particulier les citoyens écartés du pouvoir - les plébéiens. Après plusieurs années de conflit, les plébéiens forcèrent le Sénat à adopter des lois qui révisaient leurs droits, les Douze Tables, et à leur accorder le droit à des représentants politiques, les tribuns. Ce n'est que bien plus tard, au IVe siècle, que les plébéiens furent légalement autorisés à se présenter à l'élection au consulat et à d'autres charges d'Etat importantes.

Le cœur de la Rome républicaine, vu depuis le Tibre. S'ouvrant sur le fleuve, l'embouchure de la Cloaca Maxima, le grand égout qui drainait les vallées entre les collines de Rome, permettant l'aménagement du Forum. Construit par les Etrusques, il fut rénové pendant le règne d'Auguste (27 av. J.-C.-14 ap. J.-C.). Au-dessus, le temple rond d'Hercules Victor, construit vers la fin du IIe siècle av. J.-C.

L'expansion en Italie

Au Ve siècle av. J.-C., Rome était une ville importante, mais pas encore dominante. C'est une expansion progressive, après plusieurs petites guerres, qui permit la transition. Leurs premiers ennemis furent leurs voisins immédiats à l'est et au sud, les Eques et les Volsques. A la fin du Ve siècle, ces peuples ayant été vaincus, les Romains purent étendre leurs frontières, établissant des colonies (villages de citoyens romains) à des endroits stratégiques. Cette pratique, renouvelée chaque année, permit à Rome de maintenir son contrôle sur les territoires conquis et de récompenser les citoyens par de nouvelles terres cultivables.

Au nord de la ville eut lieu le premier succès important : en 396 av. J.-C., après un siège de dix mois, les Romains prirent Véies. C'était la plus méridionale des villes étrusques et une métropole importante, en tous points égale à Rome. La joie fut de courte durée : six ans plus tard, Rome fut pillée par un ennemi plus lointain, les Celtes (ou Gaulois). Les peuples celtiques d'Europe du Nord s'étaient établis en Italie du Nord au cours des VIe et Ve siècles. En 391 av. J.-C., une troupe de guerriers lança une expédition contre le cœur de l'Etrurie. Ils revinrent plus nombreux l'année suivante, écrasèrent les Romains près du fleuve Allia, et entrèrent dans la ville. La citadelle du Capitole résista quelques mois avant de se rendre. Les Gaulois regagnèrent alors l'Italie du Nord avec leur butin, laissant les Romains reconstruire la ville, et leur prestige. L'une de leurs premières mesures fut d'organiser une meilleure défense : on construisit l'enceinte dite « servienne », longue de 10 km, le seul rempart que Rome ait possédé jusqu'à l'édification d'un nouveau mur sous Aurélien, plus de cinq cents ans plus tard. Cependant, plusieurs années s'écoulèrent avant que les Romains soient en mesure de reprendre l'offensive.

La question de savoir si les Romains nourrissaient des ambitions impérialistes, ou s'ils ne conquéraient des terres que pour assurer leur défense n'a pas été tranchée. Quoi qu'il en soit, le résultat fut impressionnant. En 343, ils entrèrent en conflit avec les Samnites, puissante confédération tribale qui contrôlait l'axe central de l'Italie du Sud. Cette première guerre Samnite (343-341) fut brève et peu concluante ; mais les deuxième et troisième guerres (327-304 et 298-290 av. J.-C.) furent suivies de conquêtes plus importantes. Pendant cette période, Rome resserra son emprise sur le Latium et renouvela ses opérations contre les Etrusques.

La victoire remportée dans la troisième guerre Samnite dota Rome d'un territoire s'étendant des Apennins à la mer Adriatique. Cette situation fit de la ville une puissance régionale, ce qui éveilla l'hostilité des cités grecques situées le long de la côte de l'Italie du Sud. Elles firent appel à Pyrrhus, roi d'Epire : cet aventurier ambitieux arriva à Tarente en 280 av. J.-C., à la tête d'une armée bien entraînée comprenant des éléphants de guerre, les premiers que les Romains aient jamais vus. Pyrrhus gagna des batailles à Héraclée et Ausculum, mais avec des pertes si lourdes qu'il en tira peu d'avantages. Il fut finalement vaincu en 275. Tarente tomba aux mains des Romains en 272.

Rome et la Méditerranée

Rome contrôlait désormais l'ensemble de la péninsule italienne, soit par des alliances, soit par la conquête directe. Elle poursuivit la guerre avec un adversaire bien plus puissant : les Carthaginois. Cette fois, l'enjeu n'était pas seulement l'Italie, mais aussi l'ensemble de la Méditerranée centrale et occidentale. Rome avait pour atout principal ses considérables réserves de soldats italiens mobilisables. Carthage, de son côté, disposait d'une redoutable flotte.

La première guerre Punique (264-241 av. J.-C.) eut pour enjeu le contrôle de la Sicile.

Buste d'un aristocrate romain, peut-être Lucius Junius Brutus, fondateur de la République. Il remonte à la fin du IVe siècle av. J.-C.

Le Forum Romanum. D'abord conçu vers 600 av J.-C. comme un vaste espace public, il devint le centre de la vie civique. Il était traversé par la Via Sacra, la plus ancienne voie romaine. Au premier plan, le temple de Castor et Pollux, dédié en 484 av. J.-C. et reconstruit par l'empereur Tibère entre 7 av. J.-C. et 6 ap. J.-C. Plus loin on voit le temple de Vesta (temple rond). A l'arrière-plan se dresse le mont Palatin, où les empereurs firent plus tard bâtir leurs palais.

Cette statue d'un patricien montrant les bustes de ses ancêtres date du Ier siècle av. J.-C. ou du Ier siècle après J.-C. Les patriciens constituaient l'aristocratie romaine ; vers la seconde moitié de la République, ils se heurtèrent de plus en plus aux sénateurs et aux généraux qui prenaient le parti des plébéiens. A la fin du IIe siècle, les deux frères Gracques tentèrent de redistribuer les terres de l'Etat aux citoyens les plus pauvres, mais ces réformes soulevèrent tant de haine qu'ils furent finalement assassinés.

Les Carthaginois possédaient depuis longtemps la pointe occidentale de l'île et avaient tenté à plusieurs reprises de conquérir les cités grecques de Sicile orientale, telles Catane et Syracuse. Comme beaucoup de conflits d'importance, la première guerre Punique se déclencha sur un simple désaccord qui réveilla de vieilles rivalités et fit voir aux Carthaginois la menace que représentait de plus en plus Rome. Malgré leurs forces navales, les Carthaginois furent vaincus par leur adversaire dans une série de combats sur mer : à la fin de la guerre, la Sicile était province romaine, devenant la première possession romaine outre-mer.

Les Carthaginois ne se résignèrent pas à la défaite : en 218, ils se lancèrent dans la deuxième guerre Punique et envahirent l'Italie sous le commandement d'Hannibal. Cette fois, les Romains furent battus sur leur terrain de prédilection – la terre ferme –, mais malgré des victoires éclatantes sur le lac Trasimène et à Cannes, Hannibal ne put défaire l'emprise de Rome sur la péninsule italienne et ne fut pas en mesure d'attaquer la ville. Les Romains purent finalement renverser la situation en envahissant le territoire carthaginois. Hannibal traversa la mer une fois de plus, et rentra en Afrique pour défendre sa patrie. Il fut vaincu à Zama par le général romain Scipion l'Africain, en 202 av. J.-C.

La victoire sur Hannibal mit fin à la menace militaire carthaginoise, mais la paix fut de courte durée : de nouvelles guerres éclatèrent qui entraînaient les Romains de plus en plus loin. A l'ouest, ils étaient impliqués dans des batailles contre l'Espagne, où ils voulaient maintenir, mais aussi étendre, les territoires pris aux Carthaginois, au sud du pays. En Italie, près de Rome, ils reprirent des terres celtes du nord : elles devinrent les provinces de Gaule cisalpine (« de ce côté-ci des Alpes »). Les guerres les plus importantes du IIe siècle eurent lieu dans les Balkans et en Méditerranée orientale. Au début du siècle, les Romains déclarèrent la guerre à Philippe, roi de Macédoine, et en 197, ils défirent l'armée macédonienne à Cynoscéphales. Leur intention première n'était pas de s'installer dans les Balkans, mais de neutraliser une menace militaire. Un quart de siècle plus tard, ils revinrent combattre un autre roi macédonien, Persée. Ce n'est qu'en 146 av. J.-C. qu'ils décidèrent qu'ils n'avaient d'autre choix que d'exercer un gouvernement direct. Grèce et Macédoine réunies formèrent la province d'Achaïe. La même année, les Romains finirent par détruire Carthage, leur vieille ennemie, au cours de la troisième guerre Punique. Ce territoire devint une nouvelle province, l'Afrique. Peu après, en 133, la mort du roi de Pergame qui léguait son royaume aux Romains offrit à Rome une nouvelle province outre-mer.

C'est donc presque par hasard que Rome se trouva à la tête d'un grand empire méditerranéen. Les provinces fournissaient des richesses à l'Italie, et l'octroi de concessions minières précieuses permettait la constitution de fortunes considérables et d'immenses domaines exploités par des esclaves. Commerçants et artisans d'Italie profitèrent de cette prospérité. On fit venir des esclaves, et les grands propriétaires fonciers ne tardèrent pas à racheter les biens d'anciens fermiers et à les chasser de leurs terres pour prendre des esclaves. Cette situation finit par créer des conflits entre riches et pauvres à la fin du IIe siècle, ces derniers exigeant une réforme de la constitution romaine. Ce climat social, ainsi que l'incapacité de la constitution républicaine traditionnelle à s'adapter aux besoins d'un grand empire finirent par favoriser la montée en puissance de généraux qui se firent les porte-parole soit des aristocrates, soit des pauvres, au cours du dernier siècle av. J.-C.

La chute de la République

Le défi lancé dans les années 130-120 par les deux frères Gracques à l'ordre constitutionnel traditionnel marqua le début de la fin pour la République. Bien que membres de l'aristocratie, ils projetèrent de

Le pont Aemilius, premier pont de pierre sur le Tibre, construit en 142 av. J.-C. Il n'en subsiste aujourd'hui qu'une arche, connue sous le nom de Ponte Rotto.

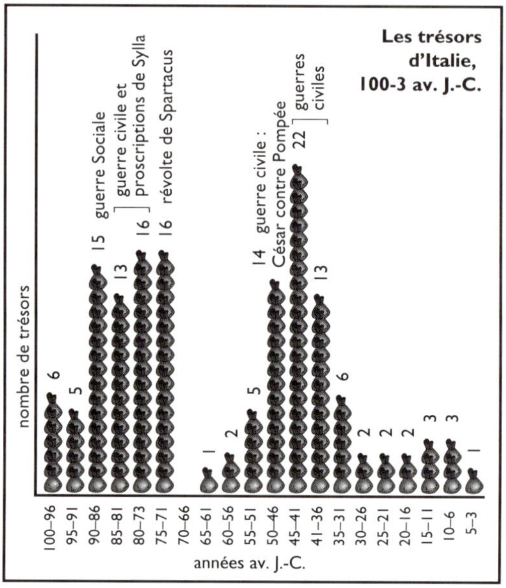

Pièces d'argent républicaines (des deniers pour la plupart) des IIe et Ier siècles av. J.-C. Les responsables de l'émission des monnaies étaient des argentiers nommés par la République. Ils inscrivaient leur nom sur les pièces, et choisissaient des emblèmes de l'histoire de leur famille. La tête de Rome et le quadrige qui apparaissent sur de nombreuses pièces célèbrent la ville.

A droite. *La quantité de trésors enfouis en Sicile, Italie, Corse et Sardaigne, que leurs propriétaires n'ont jamais récupérés, témoignent des conflits politiques et des guerres civiles du Ier siècle av. J.-C.*

redistribuer les terres aux fermiers italiens dépossédés, sous forme de lotissements. D'autres mesures donnèrent l'occasion aux sénateurs de considérer les deux frères comme des ennemis publics, et ils moururent assassinés. Celui qui leur succéda dans le cœur du peuple fut Caius Marius, qui réforma l'armée romaine et sauva l'Italie de la grande invasion des Cimbres et des Teutons en 102 et 101 av. J.-C. Il rompit avec les coutumes établies en recrutant ses soldats non seulement parmi les propriétaires fonciers, mais aussi parmi les plus pauvres, y compris parmi le prolétariat urbain croissant. Une fois la guerre achevée, ce prolétariat réclama d'être récompensé par des propriétés foncières : on vit généraux et soldats s'unir dans la lutte, les uns pour le pouvoir, les autres pour la propriété.

L'ascension momentanée de Marius fut bientôt éclipsée par celle de Sylla, dans les années 80 av. J.-C. Celui-ci avait acquis sa renommée au cours de deux guerres cruciales : la première, en Italie même, fut la guerre Sociale, en 91-89, à la suite de laquelle les alliés italiens, bien que vaincus, obtinrent le droit de cité ; la seconde vit la défaite de Mithridate, roi du Pont, qui avait profité de ce moment de faiblesse pour envahir l'Asie Mineure et la Grèce. Sylla se posa en farouche défenseur des privilèges aristocratiques : sa brève monarchie fit reculer la législation favorable au peuple, et entraîna la proscription, le plus souvent sans procès, de milliers de ses ennemis.

Après la mort de Sylla, il y eut un léger renouveau en faveur du peuple grâce à un général habitué au succès, Pompée le Grand. Celui-ci acquit une immense popularité en débarrassant les mers des pirates et en imposant son autorité sur les royaumes en guerre de la Méditerranée orientale, et notamment sur la Syrie, qui devint province romaine. De retour à Rome, en 62 av. J.-C., il se trouva face à deux habiles politiques : le très riche Marcus Licinius Crassus et le jeune, mais prometteur, Caius Julius César.

Plutôt que de s'affronter, les trois hommes préférèrent s'unir : c'est ce que l'on appelle aujourd'hui le Premier Triumvirat. Ce compromis permit à César de devenir consul en 59, puis gouverneur des deux provinces gauloises, la Cisalpine (au sud des Alpes) et la Transalpine (couvrant le sud de la France actuelle). Il se lança dans une campagne de conquêtes, la guerre des Gaules, qui rattacha à Rome de très nombreux territoires, puis il utilisa son armée, forte de l'expérience des combats, pour renverser Pompée et s'arroger le pouvoir suprême.

La carrière de César fut interrompue par son assassinat, en 44 av. J.-C., à Rome, mais le gouvernement par un seul homme devenait une perspective inévitable. Elle fut réalisée par Octave, fils adoptif de César. Lui et Marc Antoine, ami et lieutenant de César, évincèrent les assassins de César au terme de la bataille de Philippes en 42 av. J.-C. Pour partager le pouvoir, ils établirent le Second Triumvirat en s'alliant à Lépide. L'arrangement fut de courte durée : Octave et Marc Antoine finirent par confronter leurs armées. La victoire d'Octave à Actium le laissa seul maître, et en 27 av. J.-C. le Sénat lui remit le titre d'Auguste. Il fut le premier empereur officiel de Rome.

La Grèce devint une province romaine vers le milieu du IIe siècle av. J.-C. Le marché romain d'Athènes (ci-dessous) fut construit à l'époque de Jules César et d'Auguste. En arrière-plan, la tour des Vents, octogonale, également construite à l'époque de la domination romaine, au milieu du Ier siècle av. J.-C. Ornée de reliefs représentant les huit vents, elle était surmontée d'une girouette. A l'intérieur se trouvait un horologium, ou clepsydre.

Les origines de Rome

Les premiers siècles voient Rome s'épanouir : l'ensemble de fermes situées au sommet des collines devient une ville fortifiée, avec des temples et un Forum pavé.

« Romulus aurait-il pu agir avec une sagesse plus divine ? Il préféra se donner les avantages de la mer, sans souffrir de ses inconvénients, en situant sa ville sur la berge d'un fleuve toujours constant, dont le large cours se jette, mû par un courant toujours égal, dans la mer. »
Cicéron,
La République.

La tradition veut que Rome ait été fondée en 753 av. J.-C. par les jumeaux Romulus et Rémus qui, abandonnés sur l'ordre du roi d'Albe, avaient été allaités par une louve. L'archéologie a révélé que la ville naît au IXe ou VIIIe siècle : elle n'est alors qu'un groupe de fermes situées sur des collines dominant le Tibre. Entre ces collines se trouvent des vallées marécageuses où les indigènes enterrent leurs morts dans des tombes à inhumation ou à crémation. Les maisons les plus anciennes, y compris la prétendue « cabane de Romulus », ont des murs en clayonnage couvert de torchis et des toits de chaume. Ces villages primitifs mènent une existence florissante liée à leur situation géographique sur une portion du Tibre où passe la route du sel, qui part de l'embouchure du fleuve vers l'intérieur des terres.

Le développement majeur intervient à la fin du VIIe siècle av. J.-C., lorsqu'une dynastie étrusque, les Tarquins, prend le contrôle de Rome et commence à faire du village une ville. La vallée du Forum est asséchée grâce à un fossé de drainage, la Cloaca Maxima, et transformée en espace public avec un sol pavé recouvert de graviers. Un pont de bois, le pont Sublicius, est bâti sur le Tibre, et un temple de style étrusque, dédié à Jupiter Capitolin, est élevé sur le Capitole. On construit peut-être aussi un *agger* ou rempart, avec un fossé défensif à sa base, bien que l'enceinte la plus ancienne que l'on puisse voir - l'enceinte dite servienne - ne date que du IVe siècle av. J.-C.

Les historiens romains affirment que les Romains chassèrent leur dernier roi étrusque, Tarquin le Superbe, en 509 av. J.-C. pour créer une République gouvernée par deux magistrats réélus chaque année, les consuls. Ce fut une étape décisive, la première d'une série qui allait transformer Rome, en moins de cinq siècles, d'une petite ville italienne en métropole de la Méditerranée.

La louve qui allaita Romulus et Rémus devint le symbole de Rome. Elle apparaît dans la statuaire, sur les bas-reliefs et sur les monnaies à partir de l'époque républicaine. Cette statue de bronze serait celle que l'édile Ogulnius fit installer sur le Capitole en 296 av. J.-C., mais son style étrusque suggère qu'elle fut exécutée plusieurs siècles plus tôt.

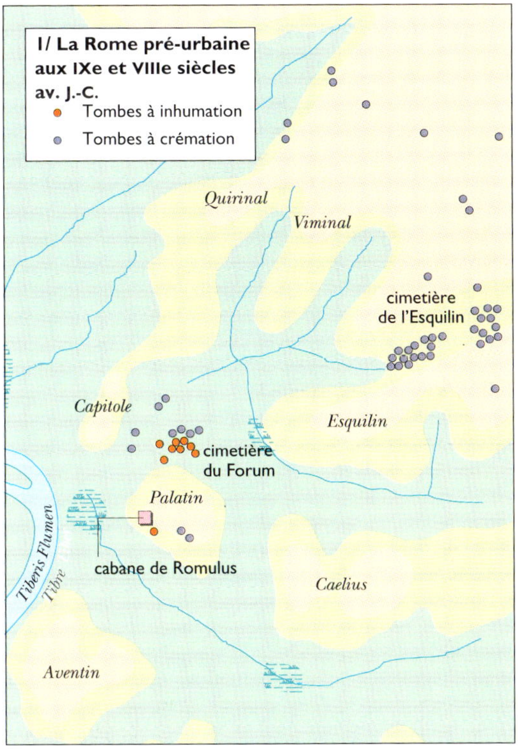

Inscriptions de la Lapis Niger, qui fut retrouvée sous une plaque de pierre au Forum romain. C'est le texte latin le plus ancien que l'on connaisse. Il date de la fin du VIe siècle ou du débı t du VIIe siècle av. J.-C.

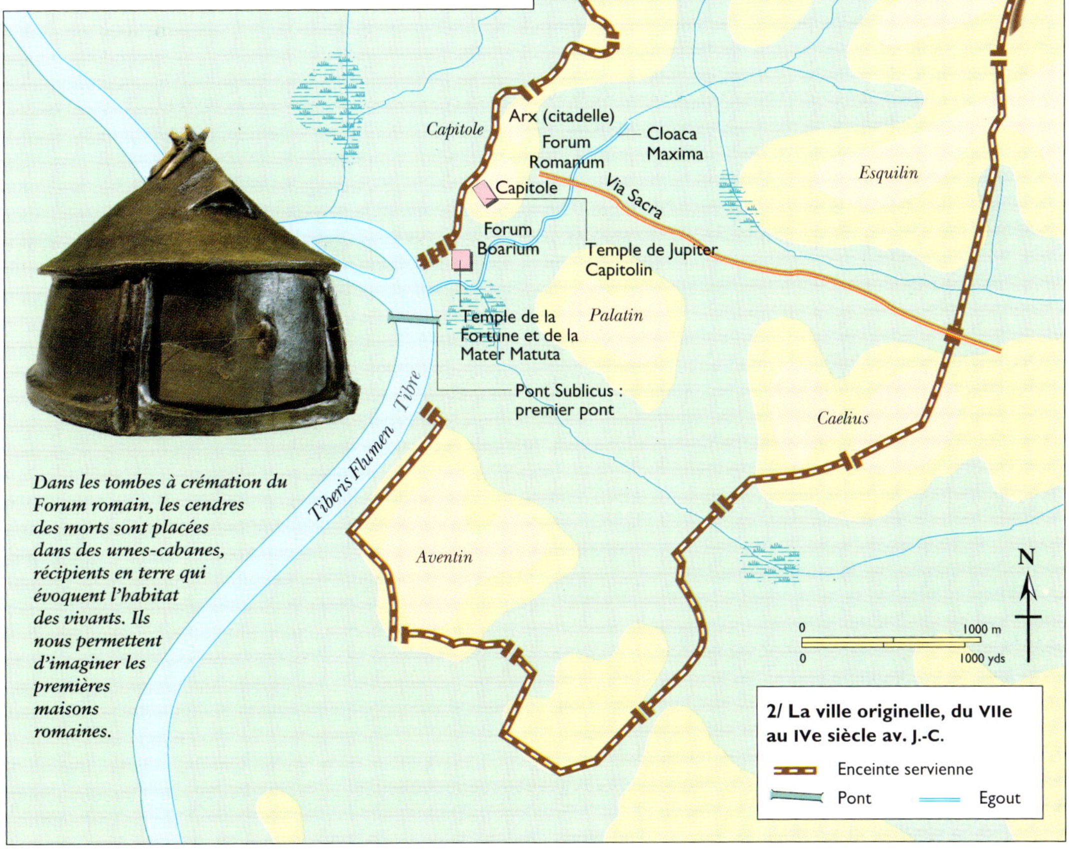

Dans les tombes à crémation du Forum romain, les cendres des morts sont placées dans des urnes-cabanes, récipients en terre qui évoquent l'habitat des vivants. Ils nous permettent d'imaginer les premières maisons romaines.

L'unification de l'Italie

La conquête romaine de l'Italie est lente, mais vers le milieu du IIIe siècle av. J.-C., les Romains sont maîtres de la péninsule.

Assiette en terre cuite de Campanie (IIIe siècle av. J.-C.) représentant un éléphant indien équipé pour la guerre, sans doute un des vingt éléphants de l'armée de Pyrrhus.

Dès les débuts de la République, Rome met en œuvre une politique d'expansion et mène des guerres fréquentes pour acquérir de nouveaux territoires et sauvegarder sa sécurité. La première conquête importante est la prise de Véies, la plus méridionale des villes étrusques, en 396 av. J.-C. L'exultation est brève : six ans plus tard, un groupe de Celtes descend de l'Italie du Nord à des fins de razzia, triomphe des Romains sur le fleuve Allia, puis prend et pille Rome. Ce revers de fortune n'est qu'une parenthèse : jusqu'à la fin du IVe siècle, les Romains ne cessent d'étendre leur influence militaire et politique sur l'Italie centrale, grâce à un subtil mélange d'offensives militaires et de diplomatie, ne combattant l'adversaire qu'en cas de nécessité. Ils ont également pour politique de fonder des colonies sur des lieux stratégiques qui leur permettent d'asseoir leur pouvoir sur le territoire nouvellement conquis.

Les Romains se rendent maîtres du Latium avec la guerre Latine (340-338 av. J.-C.), puis vainquent les Samnites, jusqu'alors leurs alliés, au cours des deuxième et troisième guerres Samnites (327-304 et 298-290 av. J.-C.). Ils étendent ainsi leur domination à l'est jusqu'à l'Adriatique, et au sud jusqu'à la baie de Naples. Vient alors la grande guerre contre un envahisseur étranger, Pyrrhus, roi d'Epire, une région du nord-ouest de la Grèce. En 280, il débarque en Italie du Sud avec une armée de 25 000 hommes et vingt éléphants, les premiers que les Romains aient jamais vus. Malgré plusieurs victoires, Pyrrhus avance trop lentement. Il bat en retraite en Epire cinq ans plus tard. Les Romains sont alors libres de resserrer leur emprise sur le sud de l'Italie ; ils portent leur effort sur le détroit de Sicile, où éclate un conflit direct avec les Carthaginois (*voir p. 24-25*).

Une des deux plaques d'ivoire provenant de Palestrina (Italie). Elle donne une bonne idée de l'armure et de l'équipement du soldat romain au IIIe siècle av. J.-C.

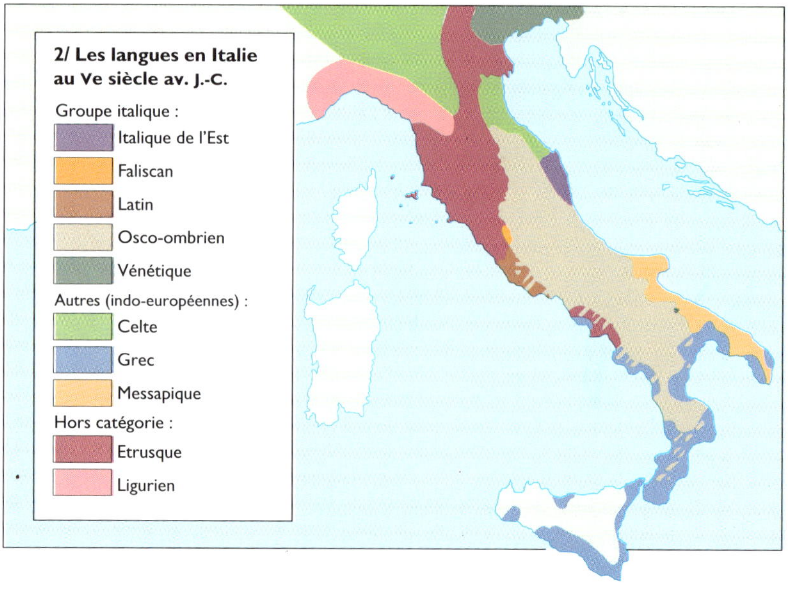

Le panneau du bas de cette pierre gravée provenant de Felsina (nord de l'Italie) représente un cavalier étrusque combattant un soldat celte. La pierre date d'environ 400 av. J.-C., époque où les Celtes chassaient les Etrusques de l'Italie du Nord.

Les guerres Puniques

Ce buste trouvé près de Naples serait celui d'Hannibal (247-183 av. J.-C.), bien qu'il ait été exécuté au IIe siècle av. J.-C. Stratège de talent, Hannibal était le fils d'Hamilcar Barca, qui avait conquis l'Espagne pour Carthage.

Page de droite. *Carthage fut fondée au IXe siècle par des marchands phéniciens et devint la capitale d'un puissant empire maritime. Cette rue bordée de maisons cossues et bien bâties date de peu après la seconde guerre Punique, période de prospérité à Carthage.*

L'expansion de Rome en Italie du Sud provoque un conflit avec l'autre grande puissance de la Méditerranée centrale : Carthage.

Au IIIe siècle av. J.-C., Carthage est devenue le centre d'un empire maritime, qui s'étend le long des côtes du sud de l'Espagne et de l'Afrique du Nord, et qui inclut la partie occidentale de la Sicile. Les Carthaginois ont longtemps eu pour principales ennemies les cités grecques de Sicile et d'Italie du Sud. La Sicile est fréquemment leur champ d'affrontement.

En 264 av. J.-C. Rome est impliquée dans le conflit sicilien, lorsque des mercenaires italiens de Messine font appel à elle contre les Carthaginois. Pour combattre la puissante flotte de guerre carthaginoise, les Romains organisent leur propre flotte. Ils défont les Carthaginois sur la terre ferme à Agrigente (262), et sur mer près de Myles (260) et Ecnomus (256). Mais l'invasion de l'Afrique est un désastre, et leur flotte est détruite à Drépane en 249 av. J.-C. Suivent alors huit années de guerre qui s'achèvent sur la victoire navale des Romains aux îles Egates.

Cette victoire dans la première guerre Punique donne aux Romains le contrôle de la Sicile, mais les Carthaginois lancent en 218 une autre guerre, dirigée contre Rome elle-même. L'expédition est menée par Hannibal, qui traverse l'Espagne, les Pyrénées, et pénètre dans le nord de l'Italie, toujours triomphant des armées romaines envoyées sur son chemin.

Pendant seize ans, il mène campagne en Italie du Centre et du Sud, remportant au lac Trasimène et à Cannes d'éclatantes victoires. Il ne réussit cependant pas à prendre Rome, ni à briser la domination romaine sur la péninsule, malgré le ralliement d'une grande partie de l'Italie du Sud au moment de l'apogée de ses succès.

En 203 enfin, il revient en Afrique pour défendre Carthage d'une contre-attaque romaine. Sa défaite devant le général romain Scipion à Zama, en 202, met fin à la seconde guerre Punique et confirme la suprématie de Rome.

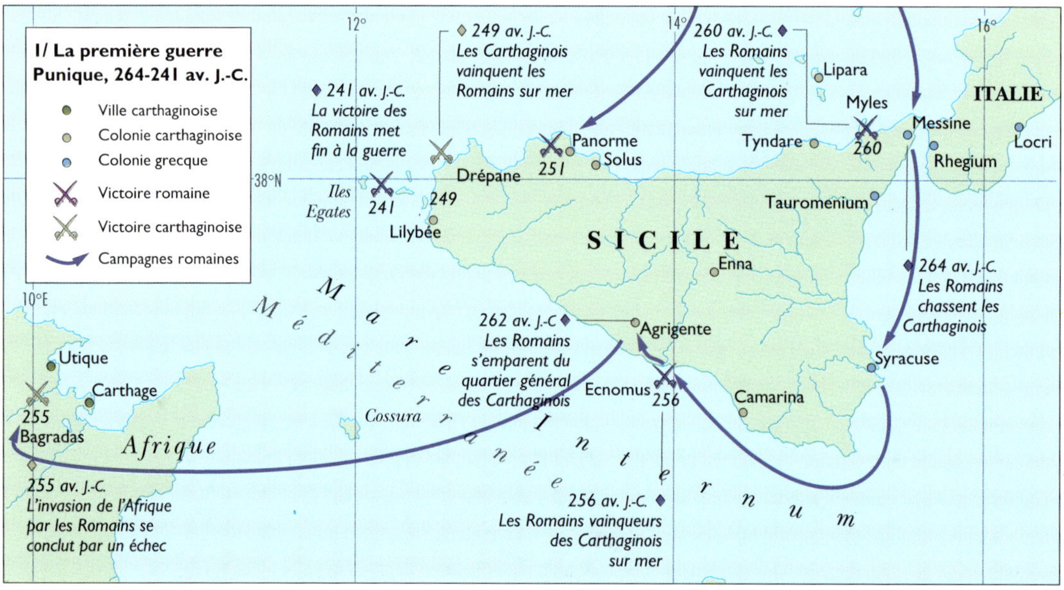

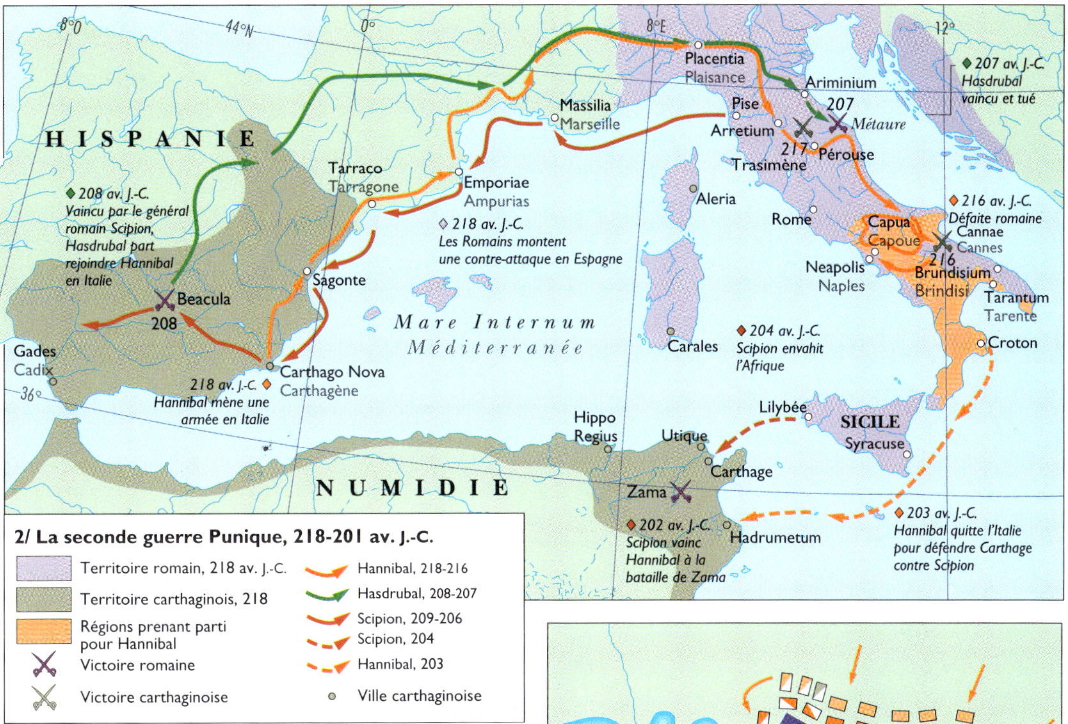

2/ La seconde guerre Punique, 218-201 av. J.-C.

3/ La bataille du lac Trasimène, 217 av. J.-C.

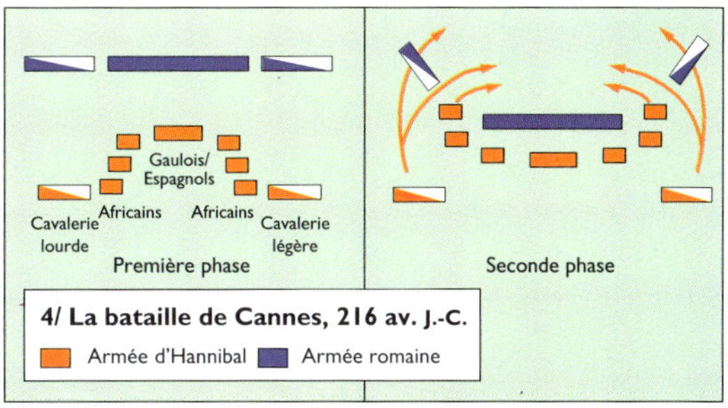

4/ La bataille de Cannes, 216 av. J.-C.

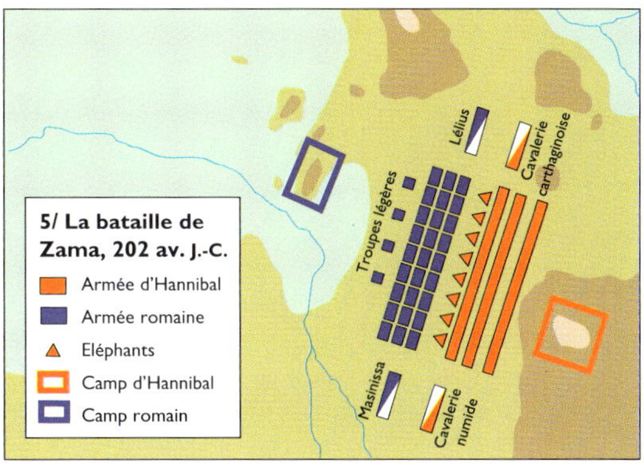

5/ La bataille de Zama, 202 av. J.-C.

Rome et la conquête de l'Orient

En un siècle, Rome devient la première puissance politique et militaire en Méditerranée orientale.

Les ruines du temple d'Apollon à Corinthe. Le pillage de la ville par le général romain Mummius en 146 av. J.-C. stupéfia l'ensemble du monde grec. L'historien Pausanias note que « la majorité des habitants [...] fut massacrée par les Romains, mais Mummius fit vendre les femmes et les enfants comme esclaves. » Le riche butin lui permit de faire édifier un temple au dieu Hercule à Rome.

A partir de la fin du IVe siècle av. J.-C., la Méditerranée orientale est dominée par les Etats hellénistiques que les généraux d'Alexandre ont découpés dans son Empire après sa mort : la Macédoine, le royaume des Ptolémées en Egypte, l'Empire séleucide et, au IIIe siècle, Pergame. En théorie, les rois séleucides sont à la tête d'un vaste empire qui s'étend de la mer Egée à l'Afghanistan ; dans les faits, leur contrôle est faible et inégal selon les régions.

Rome adopte une « politique orientale » au moment de la deuxième guerre Punique, lorsque le roi Philippe V de Macédoine fait alliance avec Hannibal. Pour contenir les ambitions de Philippe sur la côte dalmate, les Romains partent en guerre en 214, puis en 200, et remportent une grande victoire à Cynoscéphales en 197. C'est leur premier succès contre la redoutable formation connue sous le nom de « phalange macédonienne ». Cinq ans plus tard, les Romains se trouvent pris dans une guerre encore plus lointaine, puisque le royaume de Pergame demande leur appui contre le monarque séleucide Antiochos III. Les Romains écrasent l'infanterie d'Antiochos à Magnésie en 190.

Les légions reprennent du service en Macédoine vingt ans plus tard, cette fois contre Persée, fils de Philippe. A la bataille de Pydna en 168, les Romains remportent une victoire décisive, et assurent leur domination sur la Macédoine. Le tour de la Grèce vient en 146 après que les Romains eurent détruit l'importante cité de Corinthe. Rome acquiert son premier territoire au-delà de la mer Egée lorsque le dernier roi de Pergame lègue au peuple romain son territoire, qui devient la province d'Asie. La lutte menée contre les pirates permet aux Romains de créer la province de Cilicie. Ce n'est qu'avec les guerres du premier siècle que Rome s'approprie toute la région, de la mer Noire à l'Egypte et à la Syrie.

2/ La Méditerranée orientale vers 100 av. J.-C.
Province romaine (et date de son acquisition)
Empire séleucide
Royaume ptolémaïque
Bataille
30°
40°
50°
20°E
40°N
30°
Colchide (rattachée au Pont)
Panticapée
Mare Caspium
Mer Caspienne
Danube
Ister
Pontus Euxinus
Mer Noire
Sinope
Trapezus
Trébizonde
Artaxata
Arménie
Byzance
Istanbul
Nicomédie
Bithynie
Pont
Macédoine
Achaïe
(146)
Pella
Thessalonique
Ancyre
Ankara
Halys
Mazaca
Kayseri
Galatie
Cappadoce
Edesse
Osroène
168 av. J.-C.
Pydna
Mer Egée
Pergame
Asie
(133)
Athenae
Athènes
Corinthe
Ephèse
Pisidie
Cilicie
(101)
Tarse
Lycie
Rhodes
Pamphylie
(103)
Doura-Europos
EMPIRE PARTHE
Tigre
Antioche
Antakya
EMPIRE SELEUCIDE
Euphrate
Séleucie
Crète
Mare Internum
Méditerranée
Damas
Hierosolyma
Jérusalem
Royaume hasmonéen
Cyrène
Cyrénaïque
Alexandrie
Pelusium
Péluse
0 400 km
0 250 miles
Memphis
ROYAUME DES PTOLEMEES EN EGYPTE
Nil
Nilus
Sinus Arabicus
Mer Rouge
N

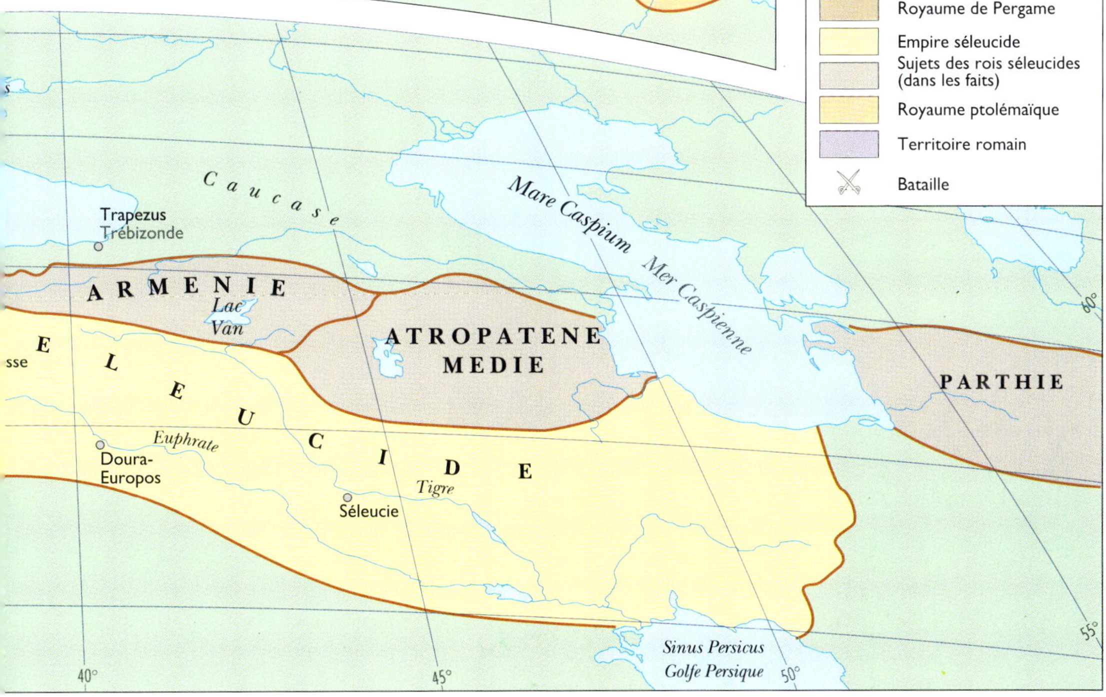

1/ La Méditerranée orientale vers 200 av. J.-C.
Royaume de Macédoine
Alliés et dépendances de la Macédoine
Royaume de Pergame
Empire séleucide
Sujets des rois séleucides (dans les faits)
Royaume ptolémaïque
Territoire romain
Bataille
Caucase
Trapezus
Trébizonde
Mare Caspium
Mer Caspienne
ARMENIE
Lac Van
ATROPATENE MEDIE
PARTHIE
SELEUCIDE
Euphrate
Doura-Europos
Tigre
Séleucie
Sinus Persicus
Golfe Persique
40°
45°
50°
55°
60°

Les généraux tout-puissants

Au dernier siècle avant J.-C., les généraux romains successifs cumulent les pouvoirs militaires et politiques, ouvrant ainsi la République à la dictature.

Caius Marius est le premier de ces généraux : il acquiert sa renommée par ses victoires sur le roi de Numidie, Jugurtha, puis sur les troupes de guerriers venus de Germanie, les Cimbres et les Teutons. Marius réforme l'armée romaine, dont il fait une force de combat disciplinée et redoutable. Un autre général lui succède pour diriger la politique romaine, Sylla, qui se distingue lors de la guerre Sociale (91-89) contre les anciens alliés italiens de Rome. En 86 av. J.-C., Sylla part pour l'est, et défait le souverain du Pont, Mithridate, qui avait profité de la guerre Sociale pour envahir le territoire romain en Asie Mineure et en Grèce. Quand Sylla revient à Rome en 82 av. J.-C., il réprime l'opposition politique et se donne les pouvoirs absolus. En 79 av. J.-C., il abdique et se retire des affaires publiques. Il meurt peu de temps après. Cette mort laisse le champ libre à des rivaux plus jeunes, dont Gnaius Pompeius Magnus, Pompée le Grand. Dans les années 70 av. J.-C., Pompée fait campagne en Espagne contre le général rebelle Sertorius et, à la décennie suivante, atteint l'apogée de son pouvoir. En 67 av. J.-C., il se voit confier un commandement extraordinaire pour combattre les pirates qui attaquent les flottes de Méditerranée : il les chasse de leurs places fortes ciliciennes. Puis il inflige à Mithridate sa défaite finale, près de Nicopolis, en 64 av. J.-C., avant d'étendre la présence romaine à tout le Proche-Orient, les vestiges de l'Empire séleucide devenant la province romaine de Syrie, et la Judée une dépendance romaine.

Ce buste datant de la fin de la République, aujourd'hui conservé au musée du Vatican, représente peut-être Caius Marius (157?-86 av. J.-C.). Après avoir combattu avec Scipion Emilien en Espagne, Marius sortit du rang et devint l'homme le plus puissant de Rome vers l'âge de cinquante ans, après sa victoire sur les Cimbres et les Teutons.

Cette statue d'un général victorieux a été trouvée près du théâtre de Pompée à Rome : peut-être est-ce celle au pied de laquelle Jules César fut assassiné. Pompée le Grand (106-48 av. J.-C.), qui fit construire le théâtre, fut l'homme influent de Rome jusqu'à ce qu'il soit défié par César ; vaincu, il dut fuir en Egypte et fut assassiné.

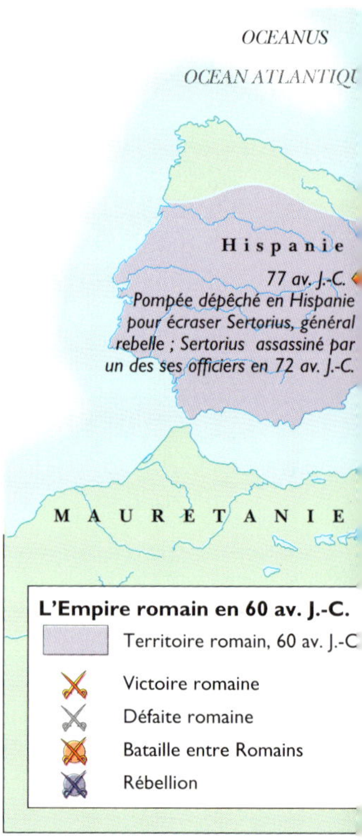

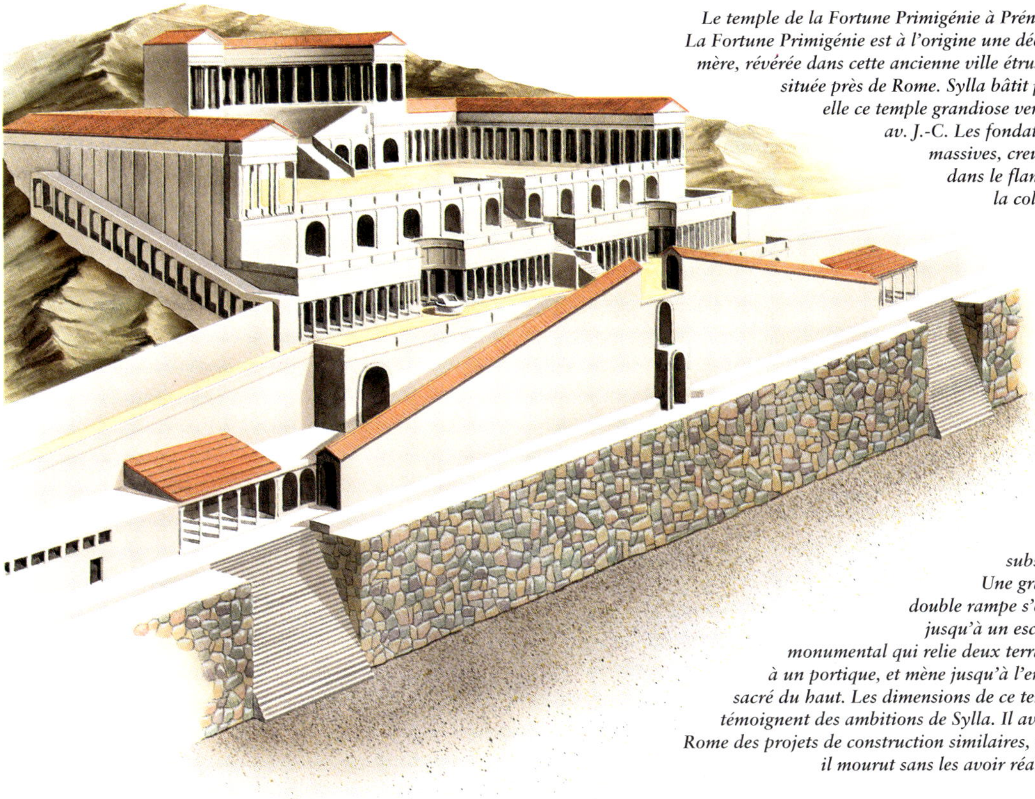

Le temple de la Fortune Primigénie à Préneste. La Fortune Primigénie est à l'origine une déesse-mère, révérée dans cette ancienne ville étrusque située près de Rome. Sylla bâtit pour elle ce temple grandiose vers 80 av. J.-C. Les fondations massives, creusées dans le flanc de la colline, ont subsisté. Une grande double rampe s'élève jusqu'à un escalier monumental qui relie deux terrasses à un portique, et mène jusqu'à l'enclos sacré du haut. Les dimensions de ce temple témoignent des ambitions de Sylla. Il avait à Rome des projets de construction similaires, mais il mourut sans les avoir réalisés.

César et la conquête de la Gaule

En huit ans de combats obstinés, Jules César réussit l'intégration à l'Empire romain des divers peuples indépendants de la Gaule.

La conquête de la Gaule est l'un des épisodes les mieux connus de l'histoire romaine grâce au compte rendu détaillé rédigé par César, commandant de l'armée romaine. Ses *Commentaires sur la guerre des Gaules* nous permettent de suivre la progression de l'invasion romaine année après année, jusqu'à ce que l'ensemble de la France et de la Belgique ait été transformé en province romaine.

Lorsqu'il est nommé gouverneur de l'Italie du Nord et de la France du Sud en 59 av. J.-C., Jules César est déjà une figure montante du monde politique romain. Il ne tarde pas à entreprendre une ambitieuse campagne de conquêtes. Il agit d'abord en allié de divers peuples gaulois qu'il soutient dans leur lutte contre leurs agresseurs voisins ou étrangers. Puis, à la deuxième année de son commandement, il décide de conquérir l'ensemble du pays.

Reconstitution d'une fortification d'Alésia où Vercingétorix opposa aux Romains une ultime résistance.

A droite. *Monnaie gauloise montrant la tête du jeune guerrier Vercingétorix qui mena la rébellion contre le pouvoir romain en 52 av. J.-C. Après sa défaite, il fut emmené à Rome, où il parut au triomphe de César avant d'être étranglé.*

Contrairement aux idées reçues, les peuples que César veut soumettre sont loin d'être des barbares désorganisés. Ils ont leurs monnaies, leurs rois, leurs villes, leur commerce, et un artisanat du bronze et de l'or. Ils résistent farouchement et sont plus d'une fois près d'infliger une cuisante défaite aux légions romaines.

Toutefois, six années de lutte acharnée comprenant deux incursions en Bretagne (l'actuelle Grande-Bretagne) finirent par porter leurs fruits. Au cours de l'hiver 53 av. J.-C. la Gaule est enfin conquise. En fait, la plus grande épreuve reste à venir : les Gaulois se révoltent l'année suivante, menés par un jeune chef gaulois, Vercingétorix. Le conflit arrive à son terme avec le siège d'Alésia, où Vercingétorix doit finalement se soumettre. La Gaule est conquise et, après deux autres années passées à consolider l'emprise romaine, César se prépare à passer à l'étape suivante : la conquête du pouvoir suprême à Rome.

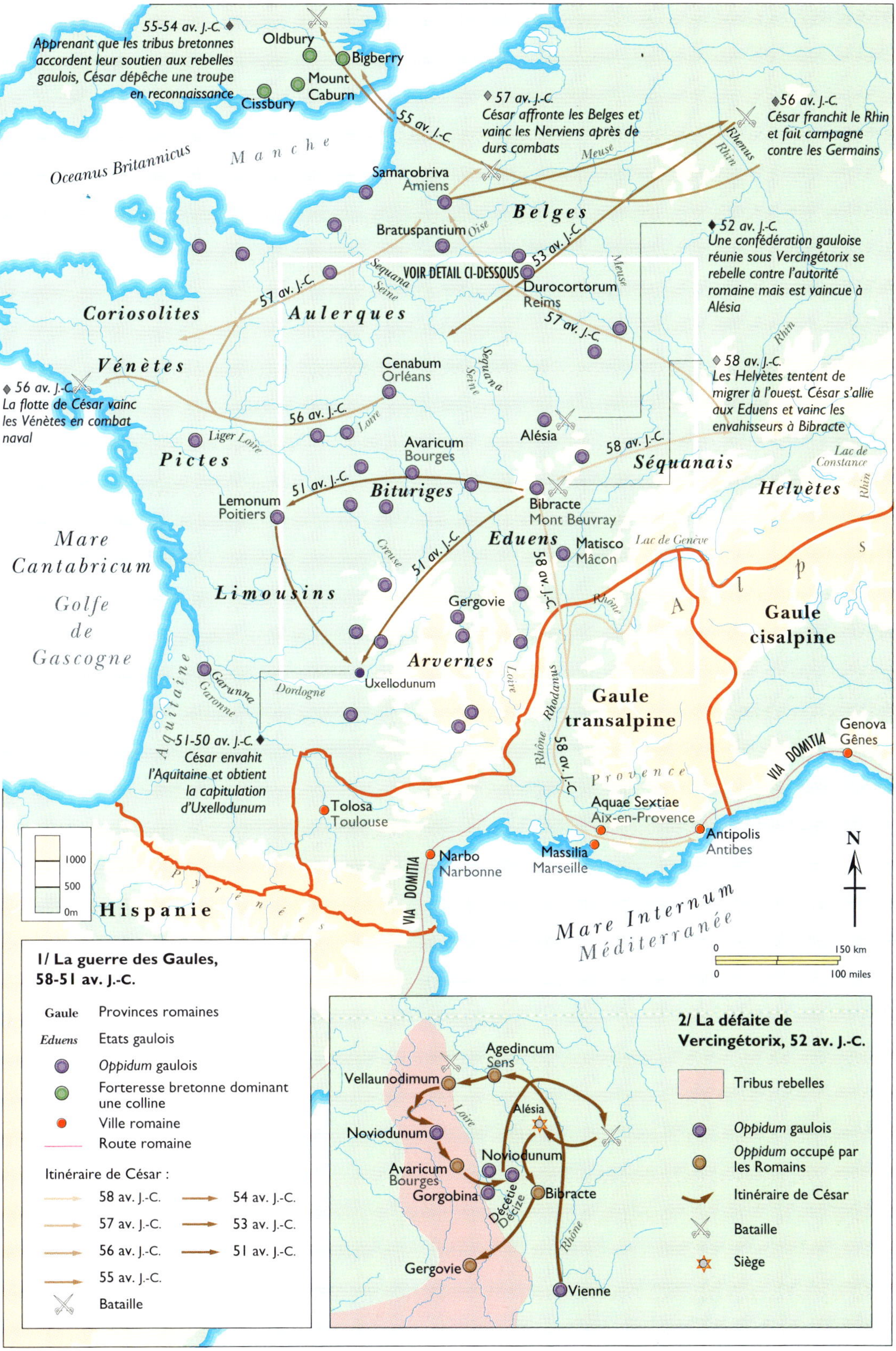
55-54 av. J.-C.
Apprenant que les tribus bretonnes accordent leur soutien aux rebelles gaulois, César dépêche une troupe en reconnaissance
Oldbury
Bigberry
Mount Caburn
Cissbury
55 av. J.-C.
57 av. J.-C.
César affronte les Belges et vainc les Nerviens après de durs combats
56 av. J.-C.
César franchit le Rhin et fait campagne contre les Germains
Rhenus
Rhin
Meuse
Oceanus Britannicus
Manche
Samarobriva
Amiens
Belges
Bratuspantium
Oise
52 av. J.-C.
Une confédération gauloise réunie sous Vercingétorix se rebelle contre l'autorité romaine mais est vaincue à Alésia
VOIR DETAIL CI-DESSOUS
53 av. J.-C.
Durocortorum
Reims
Sequana
Seine
57 av. J.-C.
Coriosolites
Aulerques
57 av. J.-C.
Meuse
Rhin
Vénètes
56 av. J.-C.
La flotte de César vainc les Vénètes en combat naval
Cenabum
Orléans
Sequana
Seine
58 av. J.-C.
Les Helvètes tentent de migrer à l'ouest. César s'allie aux Eduens et vainc les envahisseurs à Bibracte
56 av. J.-C.
Loire
Liger
Loire
Alésia
58 av. J.-C.
Avaricum
Bourges
Pictes
Séquanais
Lac de Constance
51 av. J.-C.
Bituriges
Helvètes
Rhin
Lemonum
Poitiers
Bibracte
Mont Beuvray
Mare Cantabricum
Eduens
Matisco
Mâcon
Lac de Genève
Golfe de Gascogne
Creuse
51 av. J.-C.
58 av. J.-C.
Limousins
Gergovie
Rhône
A l p s
Gaule cisalpine
Arvernes
Uxellodunum
Garunna
Garonne
Dordogne
Loire
Rhodanus
Gaule transalpine
Aquitaine
51-50 av. J.-C.
César envahit l'Aquitaine et obtient la capitulation d'Uxellodunum
Rhône
58 av. J.-C.
Provence
Genova
Gênes
VIA DOMITIA
Tolosa
Toulouse
Aquae Sextiae
Aix-en-Provence
Antipolis
Antibes
Narbo
Narbonne
Massilia
Marseille
N
1000
500
0m
Pyrénées
Hispanie
VIA DOMITIA
Mare Internum
Méditerranée
0
150 km
0
100 miles
1/ La guerre des Gaules, 58-51 av. J.-C.
Gaule Provinces romaines
Eduens Etats gaulois
Oppidum gaulois
Forteresse bretonne dominant une colline
Ville romaine
Route romaine
Itinéraire de César :
58 av. J.-C.
57 av. J.-C.
56 av. J.-C.
55 av. J.-C.
54 av. J.-C.
53 av. J.-C.
51 av. J.-C.
Bataille
2/ La défaite de Vercingétorix, 52 av. J.-C.
Agedincum
Sens
Vellaunodimum
Alésia
Loire
Noviodunum
Noviodunum
Avaricum
Bourges
Gorgobina
Décétie
Decize
Bibracte
Rhône
Gergovie
Vienne
Tribus rebelles
Oppidum gaulois
Oppidum occupé par les Romains
Itinéraire de César
Bataille
Siège

Franchir le Rubicon

Avec une armée puissante sous ses ordres, César parvient à vaincre ses adversaires politiques et à se proclamer seul maître du monde romain.

« Je prévois qu'aucune paix ne saurait tenir un an ; et plus le conflit – car il y aura nécessairement conflit – se fait proche, plus nous en percevons clairement le danger... Gnaius Pompée est décidé à ne pas laisser Caius César se faire élire consul si César ne renonce pas en premier lieu à son armée et à ses provinces ; César, de son côté, est certain qu'il n'y aura point de salut pour lui hors de l'armée... »
Lettre de Cicéron, Rome, 50 av. J.-C.

La conquête de la Gaule a placé Jules César à la tête d'une grande armée éprouvée : en 49 av. J.-C., il lui fait franchir le Rubicon et pénétrer en Italie. C'est là une déclaration de guerre, car aucun général n'a le droit de faire sortir ses troupes de sa province sans l'autorisation expresse du Sénat ; or le Rubicon représente la frontière de la Gaule cisalpine. César progresse vers le sud tandis que le parti sénatorial, qui lui est opposé, s'enfuit à Dyrrachium, de l'autre côté de l'Adriatique. Là, ils rassemblent leur propre armée, qu'ils confient à Pompée, dès lors le rival en titre de César. César les poursuit et assiège Dyrrachium. Pompée force le siège et bat en retraite dans les Balkans. Les deux armées s'affrontent finalement à Pharsale où, le 9 août 48 av. J.-C., César triomphe.

Pompée fuit en Egypte, où il est traîtreusement assassiné, mais cet événement ne marque pas la fin de la résistance à César.

Fin 48, César s'embarque pour l'Egypte où, au cours de la guerre d'Alexandrie, il écrase le roi en place et donne à Cléopâtre le contrôle du Royaume. Puis, en 47, il ramène ses troupes en Italie, en traversant les provinces orientales. Les survivants de Pharsale se sont rassemblés en Afrique du Nord : en 46, César les défait de nouveau à Thapsus. Les derniers feux de l'opposition sont étouffés en 45, lorsque César vainc à Munda, en Espagne, l'armée menée par les fils de Pompée.

La victoire de Munda débarrasse César de son dernier ennemi dans les provinces. Toutefois, l'opposition sénatoriale contre le gouvernement d'un seul homme est profondément ancrée et culmine en février 44, date où César se fait nommer dictateur perpétuel, ce qui, en pratique, fait de lui le monarque de Rome. Un mois plus tard, le 15 mars, il est assassiné par un groupe de sénateurs, la veille même de son départ pour une campagne contre les Parthes.

Ci-dessus. *M. Tullius Cicéron (106-43 av. J.-C.), le célèbre orateur, s'opposa à l'ascension de César. Cette attitude lui valut de connaître un court exil. Par la suite, il bénéficia de la clémence de César qu'il considéra toujours, néanmoins, comme un tyran. Ce buste, datant du début de l'Empire, se trouve aujourd'hui à Apsley House, en Angleterre.*

A droite. *Caius Julius César (100-44 av. J.-C.), d'après un buste du British Museum.*

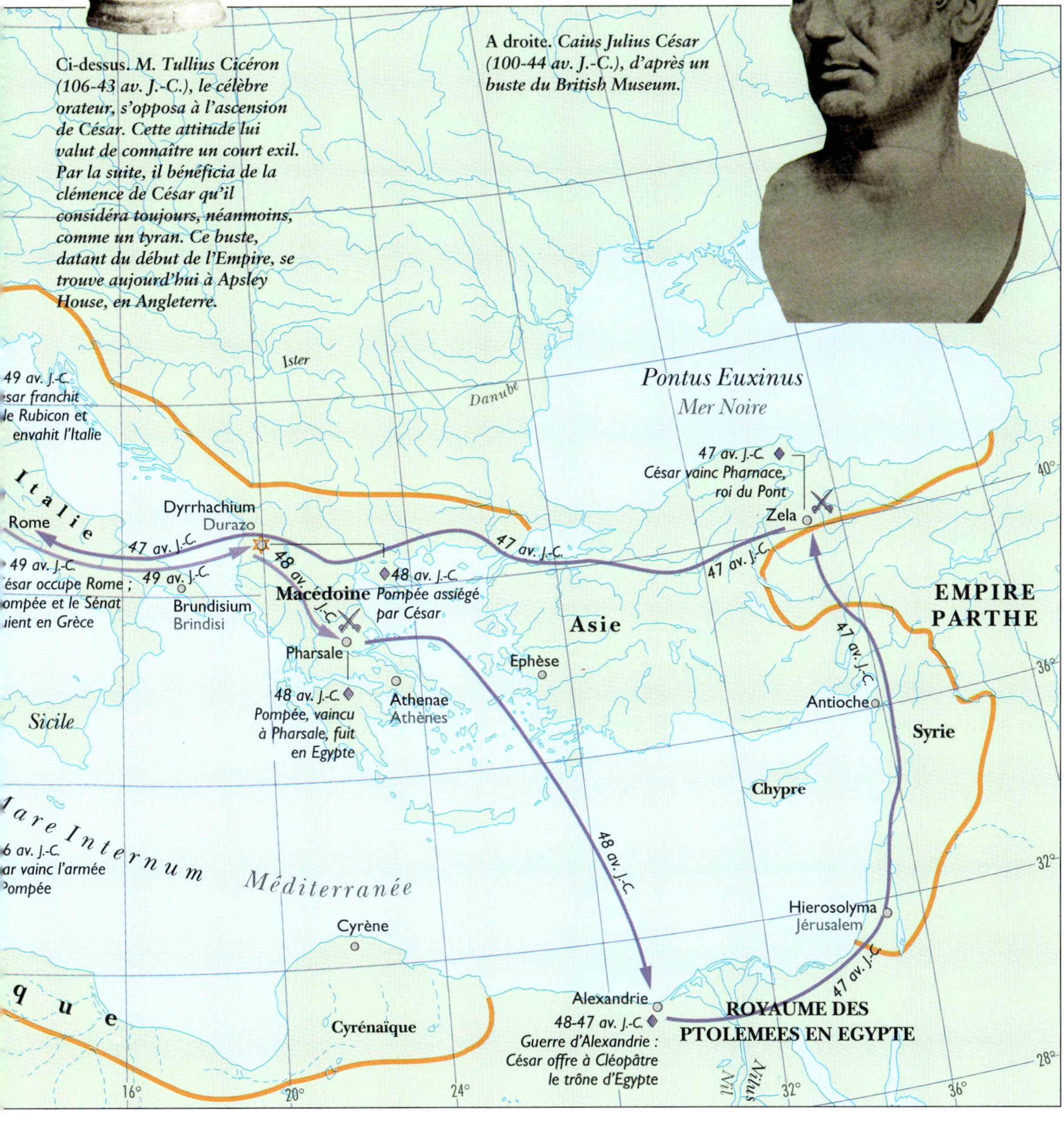

Les guerres civiles

Marcus Junius Brutus (85-42 av. J.-C.) faisait partie de la faction républicaine conservatrice de Rome. Il avait combattu avec Pompée contre César et, en 44 av. J.-C., il mena la conspiration pour assassiner le dictateur. Après sa défaite devant Antoine et Octave à Philippes, en 42 av. J.-C., il se suicida.

« D'un côté le chef et les soldats étaient pleins d'une égale ardeur, de l'autre, tout le monde était découragé ; d'un côté les rameurs étaient vigoureux, de l'autre affaiblis par les privations... Personne ne désertait pour passer de César à Antoine, tandis que du camp d'Antoine à celui de César, l'un ou l'autre, chaque jour, désertait... »
Velleius Paterculus, *Abrégé d'histoire romaine.*

Le meurtre de Jules César plonge Rome dans une nouvelle guerre civile : ses héritiers, bientôt rivaux, se disputent la suprématie.

La question de la succession à la tête du parti césarien oppose Marc Antoine et Octave, le fils adoptif de César. Octave veut venger le meurtre de César, alors qu'Antoine prône la réconciliation. Finalement, Octave persuade Antoine de prendre les armes : ensemble ils sortent vainqueurs de la bataille de Philippes, en 42 av. J.-C., contre l'armée des assassins de César, Brutus et Cassius.

Antoine et Octave s'accordent pour se répartir le pouvoir ; Octave s'arroge l'Ouest, Antoine l'Est, et une troisième portion, plus réduite, revient à leur collègue Lépide. Octave consacre l'année suivante à fortifier sa position à l'ouest. En 38 av. J.-C., il lance une expédition destinée à prendre la Sicile à Sextus Pompée, fils de Pompée le Grand, qui avait fait de l'île une base de combat d'où il détournait l'approvisionnement de Rome en blé. Il faut deux ans pour le vaincre. Puis il doit neutraliser Lépide qui fomente un coup d'Etat.

Ayant consolidé son contrôle à l'ouest, Octave pense être prêt pour une ultime confrontation avec Antoine. Celui-ci est tombé sous l'influence de la reine d'Egypte Cléopâtre dont se méfient les Romains conservateurs. La scission a

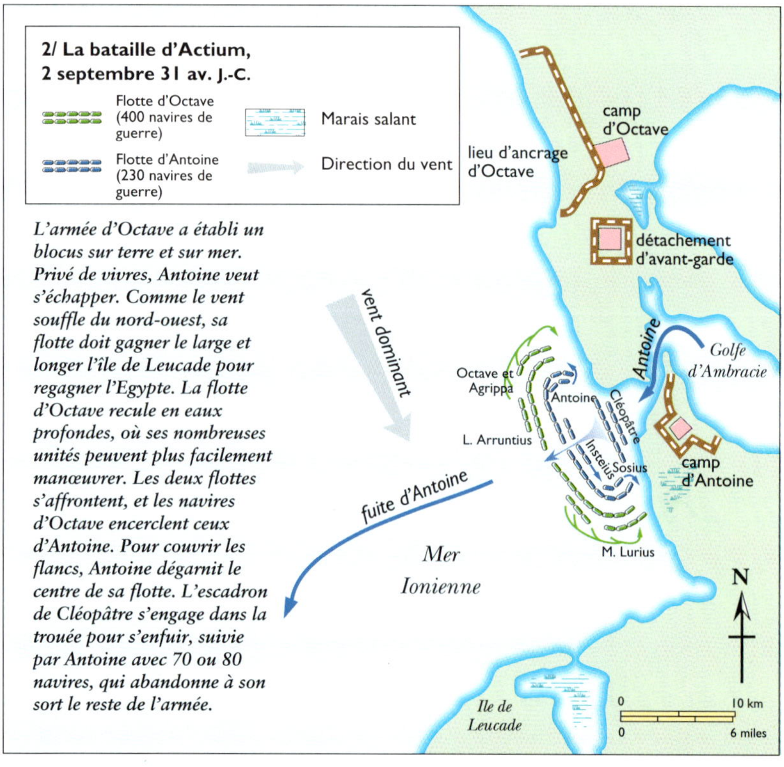

L'armée d'Octave a établi un blocus sur terre et sur mer. Privé de vivres, Antoine veut s'échapper. Comme le vent souffle du nord-ouest, sa flotte doit gagner le large et longer l'île de Leucade pour regagner l'Egypte. La flotte d'Octave recule en eaux profondes, où ses nombreuses unités peuvent plus facilement manœuvrer. Les deux flottes s'affrontent, et les navires d'Octave encerclent ceux d'Antoine. Pour couvrir les flancs, Antoine dégarnit le centre de sa flotte. L'escadron de Cléopâtre s'engage dans la trouée pour s'enfuir, suivie par Antoine avec 70 ou 80 navires, qui abandonne à son sort le reste de l'armée.

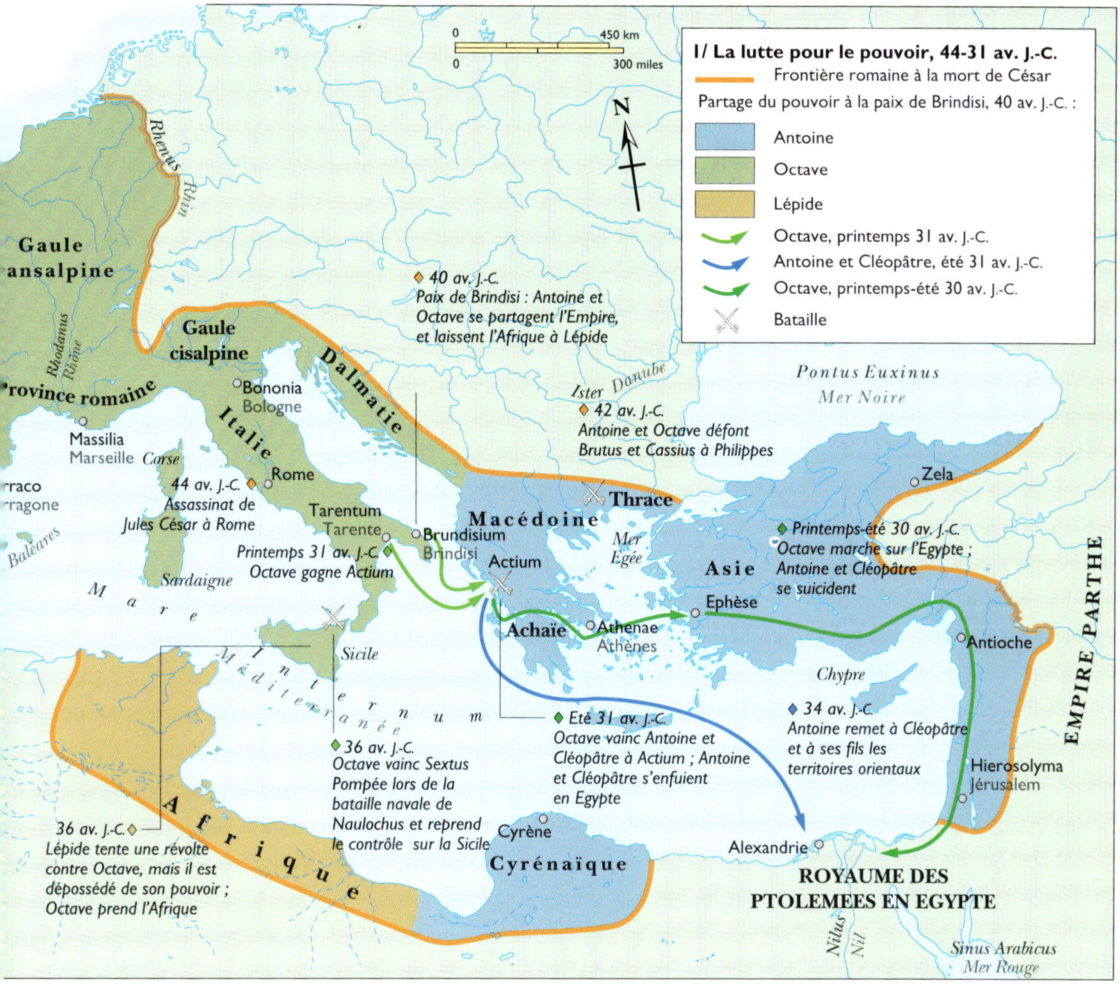

lieu en 32 av. J.-C. lorsque Octave chasse de Rome les partisans d'Antoine et déclare la guerre à Cléopâtre. Antoine fait route vers Actium, sur la côte est de l'Adriatique, où la bataille ultime a lieu sur mer le 2 septembre 31 av. J.-C. Après un bref combat, Antoine et Cléopâtre fuient le champ de bataille. Leur suicide en Egypte l'année suivante marque la fin des guerres civiles. Octave est désormais seul souverain du monde romain. Quatre ans plus tard, en 27, il se voit accorder le titre d'Auguste et devient le premier empereur romain.

Marc Antoine (Marcus Antonius, 83-30 av. J.-C.) avait servi sous César en Gaule. Après la mort de celui-ci, il prit la tête du parti césarien, suscitant l'hostilité de l'héritier de César, Octave. Les deux hommes se réconcilièrent et formèrent le Second Triumvirat, alliance renforcée par le mariage d'Antoine avec Octavie, sœur d'Octave. La liaison d'Antoine avec Cléopâtre rouvrit le conflit, qui s'acheva sur leur défaite à Actium en 31 av. J.-C.

Les ombres des défunts

Pierre tombale militaire provenant du fort légionnaire de Virconium (Wroxeter) en Grande-Bretagne. Y est inscrit : « Marcus Petronius Lucius, de la tribu des Ménèmes, de Vicetia, âgé de trente-huit ans, soldat de la quatorzième légion Gemina, servit dix-huit ans comme porte-enseigne et est enterré ici. »

Les monuments funéraires des Romains reflètent leur croyance en une vie après la mort et révèlent le statut social des défunts.

Chez les Romains, les esprits des morts s'appelaient les mânes. L'opinion commune prétendait qu'ils se souvenaient de leurs liens avec les vivants et demandaient à être nourris par des offrandes de nourriture ou de boisson, parfois même de sang. Certaines tombes ont des tubes ou des ouvertures spécialement prévus à cet effet, et qui mènent à la fosse. Diverses hypothèses situaient le séjour des morts. Certains prétendaient que les défunts descendaient dans les profondeurs de la terre, où ils étaient reçus par la bienveillante Terre Mère ; d'autres disaient qu'ils restaient à errer près de l'endroit où on les avait enterrés ; d'autres encore pensaient qu'ils montaient au ciel.

Les principaux témoignages des rites funéraires romains sont les tombes elles-mêmes et leurs monuments, ainsi que leurs inscriptions. En général, les riches avaient droit à des épitaphes gravées sur pierre. Celles-ci comportaient souvent un portrait du défunt, ou des défunts enterrés dans le même caveau, et une inscription adressée aux *Dis Manibus*, les esprits des morts. La loi interdisait strictement les enterrements à l'intérieur des enceintes de la ville, et les principaux cimetières s'étendaient le long des grandes voies menant hors de la ville, comme la Via Appia au sud de Rome. Là, comme autour d'autres villes, on trouve de nombreuses tombes, depuis les monuments imposants jusqu'aux simples pierres tombales. Il faut mentionner également les catacombes, complexe souterrain de tombes taillées dans le roc, associées aux communautés juives et chrétiennes, que l'on ne voit pas seulement à Rome, mais aussi à Naples et Syracuse.

Le rite funéraire traditionnel comportait plusieurs étapes. D'abord le corps était lavé, oint, puis toiletté en prévision de l'enterrement ; on plaçait sous la langue du défunt une pièce pour payer Charon, le passeur qui transportait les morts d'une rive à l'autre du Styx. Le jour de l'enterrement, on allongeait le corps sur un lit funéraire (pour les riches) ou une simple bière (pour les pauvres), et on conduisait la procession hors de la ville ou du village, vers le lieu choisi pour l'inhumation. Au temps de la République, la crémation était très courante à Rome et dans la plupart des provinces européennes, mais elle fut peu à peu supplantée par l'inhumation, pratique orientale, du début de l'Empire jusqu'à la fin du IIe siècle. Les empereurs romains étaient souvent inhumés.

Lorsque l'inhumation remplaça la crémation, des sarcophages en pierre firent leur apparition. Seules les classes supérieures de la société romaine pouvaient s'offrir des sarcophages ornés d'aussi belles sculptures - comme celui-ci qui provient d'Aphrodisias en Asie Mineure.

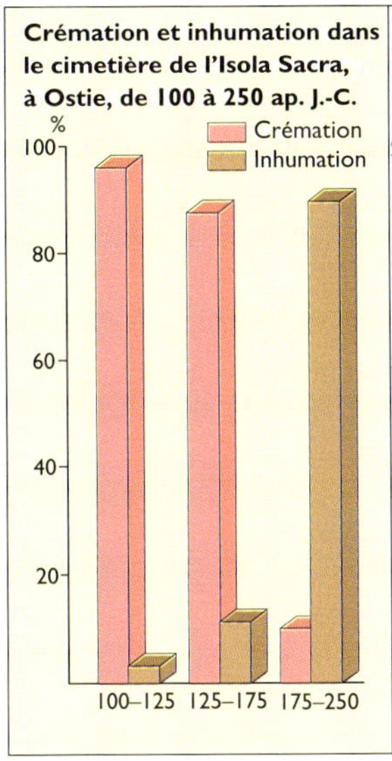

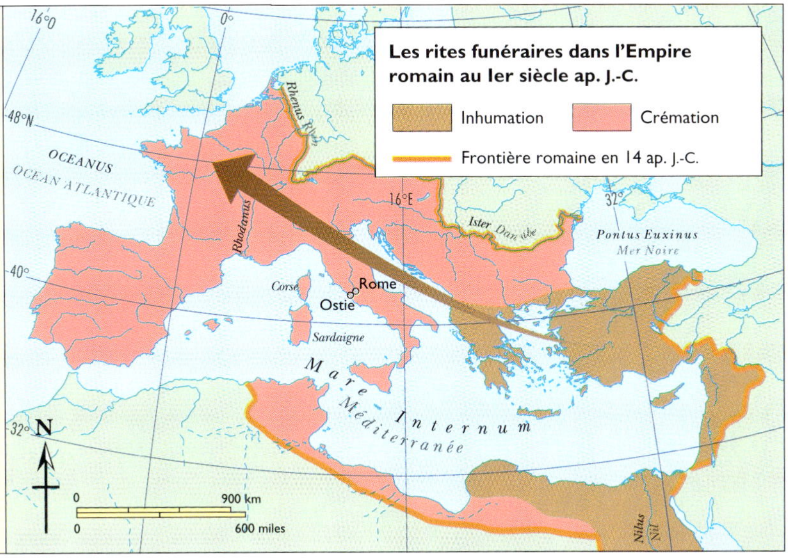

Les citoyens éminents de Rome étaient inhumés dans de remarquables monuments funéraires, tels que le tombeau rond de Caccilia Metella, situé près de la Via Appia (à droite).

Les citadins aux revenus modestes recevaient des monuments commémoratifs tout aussi modestes. L'un d'eux, à gauche, provient de Dyrrachium (actuellement Durazzo, en Albanie) et porte l'inscription : « A Dominius Sarcinator, de la part de Titia Nicarium, son épouse. Adieu ! »

La plupart des Romains devaient se contenter d'une simple fosse recouverte de tuiles grossières. Sa place était marquée par un vase en terre cuite (à gauche) dans lequel les amis et parents du défunt déposaient des offrandes.

A droite. *Les sarcophages du IIe et IIIe siècle ap. J.-C. ont inspiré des bas-reliefs témoignant de l'excellence de la sculpture romaine. Ces figures exubérantes sculptées sur un sarcophage du IIe siècle montrent le triomphe de Dionysos.*

II Le régime impérial

Auguste dota Rome d'un gouvernement puissant et centralisé, capable d'administrer de vastes territoires, dissimulant sa force avec une discrétion respectueuse des usages républicains. Rome devint une cité opulente ; les marchands sillonnèrent les territoires impériaux et outre-impériaux. La littérature s'épanouit et les villes s'ornèrent de nouveaux édifices. Ce n'est qu'aux moments des crises de succession que le contrôle sous-jacent de l'armée apparaissait soudain au jour.

Cette tête d'Auguste, partie d'une colossale statue de bronze, fut trouvée hors des frontières de l'Empire romain, à Méroé, dans l'actuel Soudan. Elle faisait sans doute partie du butin rapporté d'Egypte romaine par des pillards venus du sud.

Durant les deux derniers siècles avant J.-C., Rome était devenue la capitale d'un grand empire ; mais ce n'est qu'à la fin de cette époque que s'affirma la position du général Sylla, champion de l'aristocratie, qui avait joui d'un pouvoir absolu pendant quelques années, à l'orée du Ier siècle av. J.-C. Jules César avait atteint une position semblable durant la courte période qui avait précédé son assassinat. Mais ces deux expériences furent brèves, et ce n'est qu'en 27 av. J.-C. qu'un arrangement constitutionnel vit le jour. Il accordait à Auguste un pouvoir suprême reposant sur des fondements institutionnels réguliers. Seul le temps prouva que ce pouvoir résisterait à la succession, donnant lieu à une longue lignée d'empereurs romains - de Tibère, successeur immédiat d'Auguste, à Romulus « Augustulus », dernier des empereurs d'Occident, environ un demi-millénaire plus tard.

Toutefois, l'essor de la Rome impériale ne fut pas une simple question d'armée et d'empereur ; il s'accompagna d'un enrichissement démesuré et nouveau. Les régions les plus peuplées du monde méditerranéen étaient naguère à l'est, en Egypte, dans le Levant et dans les terres bordant la mer Egée (la Grèce et le flanc occidental de l'Asie Mineure) - sans oublier que l'Italie et la Sicile avaient accueilli d'importantes colonies grecques ou cités étrusques, et sans sous-estimer l'importance de Carthage et de ses dépendances.

L'essor de Rome marqua un changement décisif : le centre économique et politique se déplaça plus à l'ouest. En fait, il s'agissait d'une phase transitoire : la fin de l'ère romaine et le début du Moyen Age verraient l'Est redevenir le centre du pouvoir et de la richesse. Mais durant les derniers siècles avant J.-C. et les premiers après J.-C. l'Italie atteignit une nouvelle prospérité, que reflètent en grande partie les vestiges des cités et des villas, et la production de métal ouvré et de bijoux, objets de luxe. De plus, les marchands et entrepreneurs italiens stimulés par la demande locale et se recommandant du prestige romain n'hésitaient pas à s'aventurer en terres lointaines, soucieux de trouver de nouveaux marchés, créant de petites colonies jusqu'au sud de l'Inde, à Arikamedu.

L'œuvre d'Auguste

Au Ier siècle av. J.-C., le destin de Rome apparaissait de plus en plus lié à l'émergence d'un chef unique. Les anciennes institutions républicaines n'étaient plus à même de contenir les manœuvres incessantes des généraux tout-puissants, assoiffés de pouvoir, ni de satisfaire les demandes d'un Empire en pleine expansion. Mais la position de l'empereur et sa stabilité durant les siècles qui suivirent durent beaucoup à la sagesse d'Auguste. Il réussit là où Jules César, ce grand homme, avait échoué : il acquit le double soutien du Sénat et de la majorité du peuple romain.

L'Ara Pacis Augustae (Autel de la paix d'Auguste) fut édifié au champ de Mars en l'an 13 av. J.-C. Le bas-relief représente la famille de l'empereur : l'homme à la tête voilée est sans doute Agrippa, le fidèle lieutenant d'Auguste et le vainqueur d'Actium. Son jeune fils Caius s'accroche à sa toge. Auguste adopta Caius et le nomma parmi ses héritiers, mais Caius mourut avant lui.

La victoire remportée sur Antoine et Cléopâtre lors de la bataille d'Actium en 31 av. J.-C. investit Auguste du pouvoir suprême. Ayant tiré parti de l'exemple funeste de César, il ne voulut pas imposer sa volonté au Sénat, mais chercha une solution qui lui permît de maintenir sa position sous le couvert des institutions républicaines. Dans son testament personnel, il affirme avoir restauré la République - dans un sens, c'est une vérité paradoxale. L'arrangement constitutionnel proposé par Auguste en janvier 27 av. J.-C., revu et corrigé quatre ans plus tard, plaça sous son entière autorité l'armée et la plupart des grandes provinces (surtout celles dotées de garnisons militaires). Il put également proposer ou refuser des lois, annuler les arrêts des gouverneurs de province et siéger auprès des consuls élus. Pendant les neuf premières années de son règne, de 31 à 23 av. J.-C., il fut également élu consul, mais ce titre ne lui était pas réellement indispensable. Du reste, par la suite, les empereurs purent nommer les consuls à leur gré ou conférer cet honneur à leurs partisans.

Auguste mit un soin particulier à consolider sa position à Rome et fit de la ville la capitale que méritait ce grand empire. Il affirma avoir transformé en marbre la brique de la ville, et sa famille et lui-même l'embellirent de monuments nouveaux. Certains de ces monuments semblent avoir été érigés dans le but d'asseoir l'idéologie du régime et ses ambitions dynastiques : ainsi l'Ara Pacis Augustae (Autel de la Paix d'Auguste), ou l'immense mausolée de forme circulaire où il fut enterré avec ses parents proches. L'absence d'un palais impérial est significative : Auguste préféra développer

L'une des réformes d'Auguste fut un système monétaire qui resta en vigueur jusqu'au milieu du IIIe siècle. Le denarius *(ou denier d'argent, en haut à droite) demeura la base du système monétaire ; il représentait 1/25e de l'*aureus, *monnaie d'or. Sa moitié, le* quinarius *(le suivant en haut) n'était frappé que périodiquement. Le grand* sestertius *(sesterce) de cuivre jaune valait un quart du denarius ; il fut frappé sous Tibère (14-37 ap. J.-C.). Sa moitié était le* dupondius *en cuivre jaune, représenté ici par une monnaie du règne de Trajan (98-117 ap. J.-C.). La couronne radiante permettait de le distinguer de l'as, de même dimension, mais en cuivre rouge, et qui valait la moitié : cette pièce apparut sous Caligula (37-41 ap. J.-C.). Les plus petites monnaies de cuivre rouge, le* semis *et le* quadrans, *valant respectivement la moitié et le quart d'un as, succombèrent à l'inflation et disparurent au début du IIe siècle.*

les travaux de constructions publiques. Rome devenue la plus grande cité du monde occidental éclipsait Alexandrie avec une population d'environ un million d'habitants. Auguste s'attacha à construire de nouveaux aqueducs et à réorganiser aux frais de l'Etat les convois maritimes de blé dont dépendaient les pauvres de la ville.

La succession impériale

L'héritage le plus important laissé par Auguste fut le pouvoir suprême. La longévité de son règne témoignait de son adresse à gouverner. Lorsqu'il mourut en 14 ap. J.-C., il avait été empereur pendant plus de quarante ans, et l'idée de voir un seul homme à la tête de l'Empire ne passait plus pour une innovation dangereuse. L'accession au pouvoir de Tibère se fit sans heurts, et le statut de l'empereur ne fut jamais contesté, même lorsqu'il se retira de Rome pour passer les dix dernières années de son règne à Capri. Caius - généralement connu sous son surnom de Caligula - lui succéda sans rencontrer d'opposition, mais ses excès excitèrent le ressentiment de l'aristocratie sénatoriale. Ses deux prédécesseurs avaient eu à pâtir des conspirations (comme on pouvait s'y attendre dans un état autocrate), mais Caligula fut le premier à en mourir.

La mort de Caligula mit en évidence la puissance des prétoriens, le corps d'élite des gardes du corps chargés de protéger l'empereur. Le Sénat espérait peut-être rétablir la République, mais la garde prétorienne avait tout intérêt à conserver l'institution impériale : aussi nommèrent-ils Claude, candidat improbable, bègue et boîteux, successeur de Caligula. Il régna quatorze années durant lesquelles la maison impériale - en particulier les hauts fonctionnaires de la Cour - jouit d'un pouvoir de plus en plus étendu. Cette situation se maintint sous son successeur, Néron. Après des débuts favorables, Néron connut une forte opposition dans les dernières années. Sa répression brutale des complots et son échec à garder le soutien du Sénat affaiblirent sa position et provoquèrent des rébellions en Gaule et en Espagne, en 68 ap. J.-C. Trahi par sa garde et sa Cour, Néron se suicida. Il était le dernier représentant des Julio-Claudiens, la dynastie impériale qui gouvernait Rome depuis Auguste. Tous étaient parents, du moins par alliance, mais il est frappant qu'aucun d'eux n'ait eu un fils pour héritier. Seul le fils de Claude vivait encore lorsque mourut son père, mais il fut promptement écarté en faveur de Néron. Le principe déterminant de la succession impériale fut l'adoption : Auguste adopta Tibère, Claude adopta Néron.

La mort de Néron plongea Rome dans une période de crise : des empereurs étaient proclamés par leurs partisans, s'emparaient du pouvoir pour une courte durée, puis succombaient à un rival plus puissant. L'année 69 vit quatre empereurs se succéder : Galba, Othon, Vitellius et Vespasien. Les armées frontalières défendaient désormais les revendications de son candidat, parfois par les armes. Vitellius fut soutenu par l'armée du Rhin ; Vespasien accéda au pouvoir grâce aux légions orientales. Les empereurs de la fin du Ier siècle ap. J.-C. renforcèrent la position de Rome et l'autorité romaine à l'intérieur et à l'extérieur de la ville. A Vespasien succédèrent ses fils Titus et Domitien, cas unique d'une succession directe de père en fils dans toute l'histoire de l'Empire jusqu'à la fin du IIe siècle. Cette exception ne dura pas : lorsque Domitien fut assassiné, le Sénat choisit Nerva, homme d'un âge avancé, pour lui succéder ; et Nerva nomma à son tour Trajan, qu'il adopta comme son fils et héritier.

L'essor de l'Empire

Auguste hérita d'un empire fondé sur deux siècles et demi de gouvernement républicain depuis l'acquisition de la Sicile, première province romaine d'outre-mer, au cours de la première guerre Punique (264-241 av. J.-C.). Rome se soucia peu de poursuivre cette politique d'expansion territoriale jusqu'à l'avènement de l'empereur, lequel permit de centraliser la réflexion stratégique. Les empereurs se devaient d'être avant tout des chefs de guerre : indépendamment des choix stratégiques, ils surent écouter leurs sujets et se montrer de valeureux généraux. Les nouvelles conquêtes apportaient butins et esclaves, et donnaient aux administrateurs et entrepreneurs romains de nombreuses occasions de s'enrichir aux dépens des peuples conquis.

Auguste étendit considérablement l'Empire. Sa victoire à Actium en 31 av. J.-C. fut suivie d'une invasion de l'Egypte (où s'étaient réfugiés Antoine et Cléopâtre) l'année suivante. L'Egypte était alors un pays vaste et prospère ; sous Auguste elle fit partie intégrante du domaine privé de l'empereur, une province placée sous son contrôle personnel. Elle fournit également une grande partie du blé dont il avait besoin pour nourrir la population croissante de Rome.

Les guerres les plus importantes menées par Auguste en territoire étranger avaient pour objet de rationaliser les frontières impériales. Il conquit le versant nord des Balkans, afin de déplacer la frontière sur la barrière naturelle offerte par le Danube. Les fleuves devinrent des frontières à l'est

Cette mosaïque provenant du temple de la Fortune à Palestrina dépeint les richesses de l'Egypte qui tombèrent aux mains des Romains à la suite de la victoire d'Actium en 31 av. J.-C. Les crues du Nil permettaient d'importantes moissons de blé, dont une partie était expédiée à Rome par navires, pour nourrir la population urbaine. Conscient du pouvoir politique qu'il pouvait en tirer, Auguste fit de l'Egypte ses quartiers privés ; lui et ses successeurs la gouvernèrent en pharaons : aucun sénateur n'avait le droit d'entrer en Egypte sans l'autorisation de l'empereur.

L'Arabie fut annexée par l'empereur Trajan en 106 ap. J.-C. Sa métropole, Petra, était un centre de commerce important dans le désert de Jordanie, célèbre pour ses impressionnants tombeaux tels le Deir (montré ici), qui étaient creusés à même le roc.

comme à l'ouest. A l'est, l'Euphrate marquait la frontière entre les Romains et leurs voisins orientaux, les Parthes. Auguste ne mena pas de grande guerre sur ce front : c'était à l'ouest que se profilait le danger. Lorsque César avait conquis la Gaule, il avait fait du Rhin la frontière de sa nouvelle province. Cette disposition laissait inoccupée une parcelle de territoire dans les Alpes, entre la Gaule et l'Italie. Auguste chercha à prendre le terrain en faisant la conquête des tribus alpines et en déplaçant la frontière à cet endroit, comme il avait fait du Danube la frontière des Balkans. L'étape suivante consistait à déplacer la frontière du Rhin sur l'Elbe. Tout semblait en bon ordre et les Romains se préparaient à poursuivre leur progression en Europe centrale, lorsqu'une rébellion éclata dans les Balkans, obligeant les troupes à s'y rendre pour mener les opérations. Trois ans plus tard, en l'an 9 ap. J.-C., trois légions romaines furent décimées par les Germains alors qu'elles traversaient la forêt de Teutoburg, et Auguste abandonna définitivement les territoires d'outre-Rhin.

Il laissa pour consigne à ses héritiers de ne pas étendre davantage les frontières impériales, mais d'affermir leurs possessions. Néanmoins Rome continua d'annexer des provinces entre le Ier et le IIe siècle ap. J.-C., en partie pour des raisons stratégiques, mais aussi pour la gloire. Parfois de nouvelles provinces, d'anciens clients, se rattachaient pacifiquement à l'Empire. Ce fut le cas de la Maurétanie en 44 ap. J.-C. et de la Thrace en 46 ap. J.-C. D'autres furent acquises par les armes. Les exemples les plus connus sont ceux de la Bretagne envahie par Claude (en mal de gloire militaire) en 43 ap. J.-C., et de la Dalmatie, conquise par Trajan au cours des deux guerres Daciques menées avec acharnement de 101 à 102 ap. J.-C. et de 105 à 106 ap. J.-C.

Les Romains avaient tendance à dépeindre leurs adversaires sous les traits de barbares non civilisés ; la vérité est quelque peu différente. Les Bretons attaqués par Claude étaient déjà organisés en royaume, avec des villes et un système monétaire (différent toutefois du système monétaire en vigueur dans le monde romain). La Dacie était encore plus développée : c'était un royaume puissant, dont le monarque avait résisté avec succès vingt ans plus tôt aux attaques romaines.

La clef des succès militaires romains était bien sûr l'armée, qui restait campée le long des frontières vulnérables. Les campements avaient une fonction à la fois offensive et défensive : ils se déployaient et se redéployaient selon les urgences ou les nécessités des campagnes séparées. Autre grand changement par rapport à l'époque républicaine : une armée permanente. Auguste fut le premier à fixer le montant de la solde, et le chiffre des effectifs resta plus ou moins stable au cours des Ier et IIe siècles : environ 28 légions et un nombre égal d'auxiliaires. Mais le changement le plus radical concerna les camps. Bâtis à l'origine en bois et en terre, ils furent peu à peu reconstruits en pierre. Les frontières furent également renforcées par des forts et des tours de guet, une première étape vers les murs continus dressés par Hadrien.

L'essor des provinces

A l'intérieur des frontières, le Ier siècle fut une ère de prospérité croissante. En adoptant de plus en plus le profil romain, les nouvelles provinces s'intégrèrent à l'Empire. La citoyenneté romaine s'étendit progressivement à des villes et cités entières (à l'exception des femmes et des esclaves), et les provinciaux ne tardèrent pas à constituer des minorités influentes au sein du Sénat.

A la même époque, l'équilibre économique entre l'Italie et les provinces se modifia : les provinces commencèrent à bénéficier des occasions offertes par le gouvernement romain. L'Empire représentait un vaste espace

Les régions méridionales de la Gaule, où les colons grecs avaient déjà introduit des rudiments de vie civique, s'intégrèrent sans peine à l'Empire. Le théâtre d'Arausio (Orange) en Gaule narbonnaise fut construit sous Auguste, dont la statue apparaît dans la niche centrale qui surplombe la scène.

Avant son accession au trône, Auguste avait acheté une villa sur le Palatin ; ses successeurs acquirent peu à peu le restant de la colline. Les vestiges actuels datent surtout du règne de l'empereur Flavien Domitien, qui fit bâtir un grand palais juxtaposant des salles de réception, des appartements privés et des jardins. La transformation du Palatin en résidence impériale a donné naissance au mot « palais ».

commercial où les taxes d'importation étaient réduites au minimum. Il était aisé de convoyer l'huile d'olive africaine et la vaisselle en provenance de Gaule par navires jusqu'aux marchés italiens et au-delà, ainsi que le *garum* espagnol, une sauce de poisson très recherchée. Ce commerce ne concernait que les produits de nécessité, non les produits de luxe, et il donna à l'ensemble de l'Empire une unité apparente, sans pour autant effacer les différences essentielles entre l'Est (où l'on parlait grec) et l'Ouest (où le latin était désormais la langue officielle).

Les opportunités commerciales ne se limitaient pas à l'Empire ; elles s'étendaient bien au-delà, surtout à l'Est où des marchands originaires de l'Empire romain (essentiellement de Grèce ou des provinces orientales) sillonnaient l'océan Indien ou traversaient la Route de la soie pour rapporter sur les marchés de la Méditerranée orientale des produits de luxe, tels que la soie chinoise ou les épices et parfums exotiques. En échange, les Romains exportaient à l'Est poterie et verrerie romaines. Les paiements se faisaient principalement en monnaies d'or et d'argent, ce qui coûtait chaque année à l'Empire environ un million de sesterces.

L'héritage impérial

Aujourd'hui, on considère que la Rome impériale a surtout légué à notre siècle sa littérature et ses monuments. Dans le domaine littéraire, le Ier siècle ap. J.-C. marqua l'âge d'or de la littérature latine, à la suite d'écrivains tels que Cicéron et Catulle vers la fin de la République. Auguste voyait dans le mécénat l'un des devoirs du premier citoyen qu'il était ; il encouragea Horace, Virgile et Tite-Live. D'autres Romains opulents accordèrent leur protection aux poètes et historiens de l'époque. L'œuvre littéraire la plus marquante de cette époque fut sans conteste L'*Enéide* de Virgile, poème épique replaçant les origines de Rome dans la légende d'Enée fuyant le pillage de Troie pour s'implanter en Italie. D'autres formes littéraires se voulurent plus pratiques : ainsi l'*Histoire naturelle*, énorme encyclopédie rédigée par Pline l'Ancien qui mourut lors de l'éruption du Vésuve en 79 ap. J.-C., et les dix volumes de Vitruve consacrés à l'architecture, qui devaient influencer les architectes de la Renaissance. Il y eut même un traité sur l'approvisionnement de Rome en eau. Dans le domaine historique, nos connaissances du Ier siècle reposent largement sur les historiens qui écrivirent ultérieurement, en particulier Tacite et Suétone.

Quant aux édifices et autres monuments, les Ier et IIe siècles ont laissé de nombreux vestiges, dont certaines pièces maîtresses de l'architecture romaine. Rome elle-même connut une vague d'engouement pour l'architecture urbaine sous les premiers empereurs : on bâtit une série de forums impériaux contigus (un forum était l'équivalent d'une place publique, munie de temples, bureaux et tribunaux) qui relayèrent dans ses activités le Forum Romanum, placé au cœur de la ville. Le dernier de ces forums, également le plus important, fut le forum Trajan, aujourd'hui célèbre pour sa fameuse colonne et ses bas-reliefs en spirale décrivant les guerres Daciques. Il nous faut également mentionner le Colisée, le plus vaste des amphithéâtres romains, qui fut dédié en 80 ap. J.-C. L'héritage du Haut-Empire ne se restreint pas à Rome. Les grands aqueducs sur arches de Nîmes et Ségovie appartiennent à cette période ainsi que les ports artificiels d'Ostie et de Césarée. Ces édifices, tout comme les monuments commandités par les empereurs, sont le signe de l'omnipotence d'une Rome parvenue à son apogée.

Les marchés de Trajan à Rome. Au premier plan, les fondations de son forum, le plus grand des forums impériaux. Il rassemble des tribunaux, des bureaux et surtout la basilique Ulpia, aujourd'hui ensevelie sous la Via dei Fori Imperiali. Les profits de la conquête de la Dacie servirent à financer forum et marchés.

Un ordre nouveau

L'empereur Auguste impose un nouvel ordre au monde romain, mais la victoire lui échappe en Germanie.

« Parmi les provinces, Auguste se chargea lui-même des plus puissantes, qu'il n'aurait pas été commode ni prudent de faire gouverner par des magistrats annuels... Les royaumes dont il s'empara par droit de conquête furent, sauf de rares exceptions, rendus à leurs anciens maîtres... il ne craignit pas de les unir même entre eux par des liens de parenté... »
Suétone, *Vie d'Auguste.*

En 31 av. J.-C., Octave défait Marc Antoine à Actium et devient le maître incontesté du monde romain. Quatre ans plus tard, il conclut avec le Sénat romain un accord constitutionnel qui lui donne le titre d'« Auguste » et fait de lui le premier empereur romain. Cet accord divise les provinces en deux catégories. Les provinces dites pacifiques sont laissées au contrôle des proconsuls (gouverneurs sénatoriaux) ; les frontières et autres provinces où une action militaire peut encore être nécessaire sont gouvernées par des légats nommés par Auguste. Celui-ci détient également le contrôle de l'Egypte, ce royaume opulent qu'il a conquis au cours de l'année suivant la victoire d'Actium et qui fournira une grande partie du blé nécessaire pour nourrir la population pauvre de Rome.

Les campagnes d'Auguste à l'étranger sont destinées à fixer les frontières. L'Espagne du Nord tombe sous l'autorité romaine, tandis que dans les Alpes et les Balkans, la frontière est déplacée vers le nord et sur le Danube. Auguste subit un grave échec en Germanie, où il veut créer une nouvelle frontière sur l'Elbe. Son gendre Drusus mène une série de campagnes victorieuses entre 12 et 9 av. J.-C., et en 6 ap. J.-C. les armées romaines (sous le commandement de Tibère, frère de Drusus) s'apprêtent à envahir le royaume des Marcomans, afin d'achever leur mainmise sur l'Europe centrale. Au dernier moment, une rébellion dans les Balkans les force à ajourner ce plan. Trois ans plus tard, en 9 ap. J.-C., les Germains prennent en embuscade et massacrent trois légions dans la forêt de Teutoburg. La frontière romaine est ramenée au Rhin, jusqu'à la chute de l'Empire occidental quatre siècles plus tard.

Auguste était soucieux de la sécurité de l'Empire et prit les fonctions de commandant en chef des armées romaines. Cette statue du Ier siècle av. J.-C. provenant de la Prima Porta à Rome le représente en tenue de parade : elle met en valeur les fondements militaires de son pouvoir.

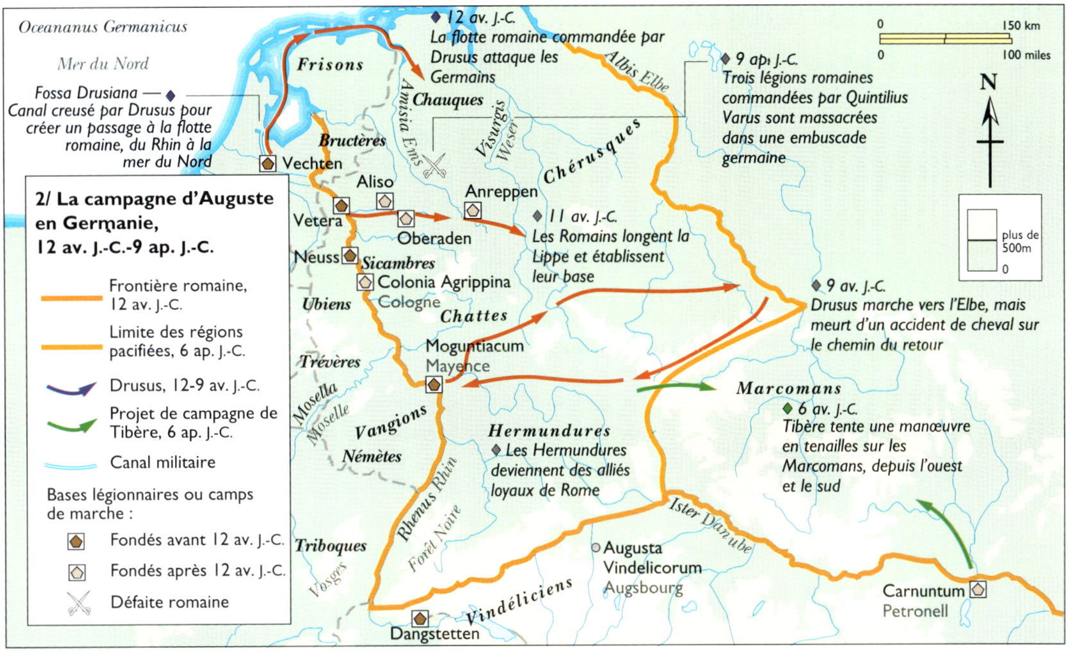
2/ La campagne d'Auguste en Germanie, 12 av. J.-C.-9 ap. J.-C.
Frontière romaine, 12 av. J.-C.
Limite des régions pacifiées, 6 ap. J.-C.
Drusus, 12-9 av. J.-C.
Projet de campagne de Tibère, 6 ap. J.-C.
Canal militaire
Bases légionnaires ou camps de marche :
Fondés avant 12 av. J.-C.
Fondés après 12 av. J.-C.
Défaite romaine
Oceananus Germanicus
Mer du Nord
Fossa Drusiana — Canal creusé par Drusus pour créer un passage à la flotte romaine, du Rhin à la mer du Nord
12 av. J.-C. La flotte romaine commandée par Drusus attaque les Germains
9 ap. J.-C. Trois légions romaines commandées par Quintilius Varus sont massacrées dans une embuscade germaine
11 av. J.-C. Les Romains longent la Lippe et établissent leur base
9 av. J.-C. Drusus marche vers l'Elbe, mais meurt d'un accident de cheval sur le chemin du retour
6 av. J.-C. Tibère tente une manœuvre en tenailles sur les Marcomans, depuis l'ouest et le sud
Les Hermundures deviennent des alliés loyaux de Rome
0 150 km
0 100 miles
N
plus de 500m
0
Frisons
Chauques
Bructères
Chérusques
Sicambres
Ubiens
Chattes
Trévères
Vangions
Némètes
Hermundures
Marcomans
Triboques
Vindéliciens
Albis Elbe
Amisia Ems
Visurgis Weser
Mosella Moselle
Rhenus Rhin
Ister Danube
Forêt Noire
Vosges
Vechten
Aliso
Vetera
Oberaden
Anreppen
Neuss
Colonia Agrippina
Cologne
Moguntiacum
Mayence
Augusta Vindelicorum
Augsbourg
Carnuntum
Petronell
Dangstetten

1/ Les provinces romaines sous Auguste, 31 av. J.-C. -14 ap. J.-C.
Province impériale
Province sénatoriale
THRACE Royaume client
Frontière impériale
Capitale provinciale ou autre ville importante
Provinces alpines :
1 Alpes pennines
2 Alpes cottiennes
3 Alpes maritimes
Rhenus Rhin
Augusta Treverorum
Trèves
Augusta Vindelicorum
Augsbourg
Ister Danube
Haute-Germanie
Rhétie
Norique
Virunum
Mediolanum
Milan
Pannonie
Aquileia
Grado
Padus Pô
Sirmium
Genua
Gênes
Bononia
Bologne
Viminacium
Dalmatie
Mésie
Salonae
Split
Corse
Italie
Rome
Tarentum
Tarente
Sardaigne
Macédoine
THRACE
Byzance
Istanbul
ROYAUME DU BOSPHORE
Pontus Euxinus
Mer Noire
Sinope
Bithynie et Pont
ARMENIE
Nicomédie
Izmit
Ancyre
Halys Irmak
Tigre
CAPPADOCE
Mer Egée
Pergame
Asie
Achaïe
Athenae
Athènes
Ephèse
Laodicée
Lattakié
Galatie
Lycie et Pamphylie
Tarse
Commagène
Cilicie
Antioche
Syrie
Palmyre
Phénicie
Damas
Carthage
Sicile
Syracusae
Syracuse
Chypre
Tyr
Crète
Mare Internum
Méditerranée
Judée
Afrique Proconsulaire
Cyrène
Hierosolyma
Jérusalem
Alexandrie
Cyrénaïque
Memphis
Egypte
Nilus Nil
16°
24°
32°
28°
32°
36°
40°

Rome sous Auguste

« La beauté de Rome ne répondait pas à la majesté de l'Empire, et la ville se trouvait exposée aux inondations et aux incendies : Auguste l'embellit à tel point qu'il put se vanter à bon droit « de la laisser en marbre après l'avoir reçue en briques ».
Suétone, *Vie d'Auguste.*

Sous Auguste, Rome devient la première cité du monde occidental, dotée d'imposants édifices publics.

A la fin du Ier siècle ap. J.-C., Rome compte une population d'environ un million de personnes, des riches sénateurs aux artisans, commerçants et esclaves. Conscient des défauts latents de l'infrastructure de la ville, Auguste divise Rome en quatorze zones administratives, organisée chacune par un magistrat désigné ; il met en place une police et une brigade de pompiers, et fait bâtir ou restaurer plusieurs aqueducs. Pour parer aux inondations du Tibre, il fait élargir et curer le lit du fleuve, lequel, s'il faut en croire Suétone, était « à la longue rempli de décombres et rétréci par l'extension des édifices ». Mais surtout, Auguste prend sous sa responsabilité les distributions mensuelles de blé aux pauvres de la ville.

Il investit également des sommes énormes dans l'extension de la ville, dont il fait une capitale digne d'un tel empire. Au cœur de la métropole, de nombreux édifices déjà présents dans le Forum Romanum sont recouverts de marbre pour la première fois sous son règne. Non loin de là, il fait construire son propre forum, qui sert de tribunal et de centre administratif. Pour sa tâche de reconstruction, Auguste reçoit l'aide de sa famille et de ses amis fidèles, tels Statilius Taurus et surtout Marcus Agrippa. Celui-ci dote le champ de Mars, au nord de la ville, de nombreux édifices nouveaux : le Panthéon original, les thermes d'Agrippa et les Saepta Julia, grand hall dont Jules César avait initié les travaux. Au nord de ces édifices Auguste érige un énorme cadran solaire, l'Horologium, dont l'aiguille est un obélisque rapporté d'Egypte. Plus loin, dans l'enceinte d'un parc, il fait élever le mausolée, dont la forme circulaire évoque un tumulus étrusque et où, en 14 ap. J.-C., les cendres d'Auguste sont déposées.

Parmi les nombreux monuments publics de la Rome d'Auguste, des lieux de divertissement : le théâtre de Marcellus, complété en 11 av. J.-C. et nommé d'après le neveu de l'empereur, apparaît ici derrière les colonnes du premier temple d'Apollon.

Le forum d'Auguste fut dédié en l'an 2 av. J.-C. Au centre, le temple de Mars Ultor (le Vengeur), censé commémorer la vengeance par Auguste du meurtre de Jules César. Les statues rattachent la lignée d'Auguste à Enée, le fondateur légendaire de la ville.

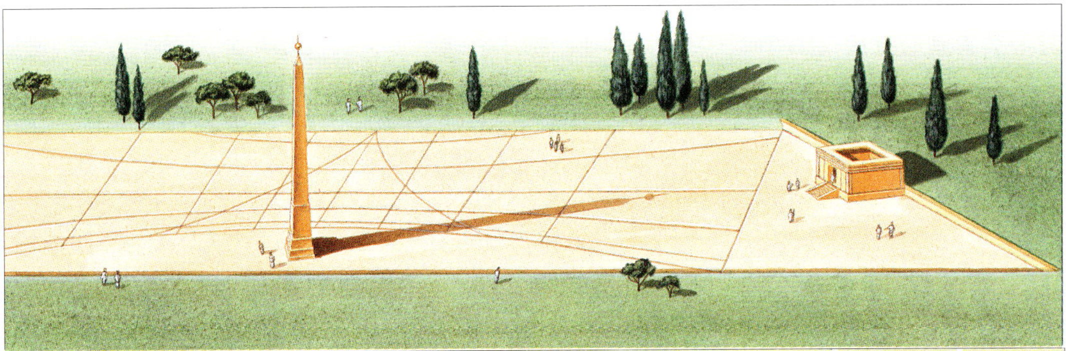

Ci-dessus. *L'Horologium ou Solarium Augusti fut édifié vers l'an 10 av. J.-C. ; un obélisque égyptien tenait lieu d'aiguille. Le jour de l'anniversaire d'Auguste, l'ombre pointait vers l'Ara Pacis Augustae, un autel commémorant la paix sous Auguste.*

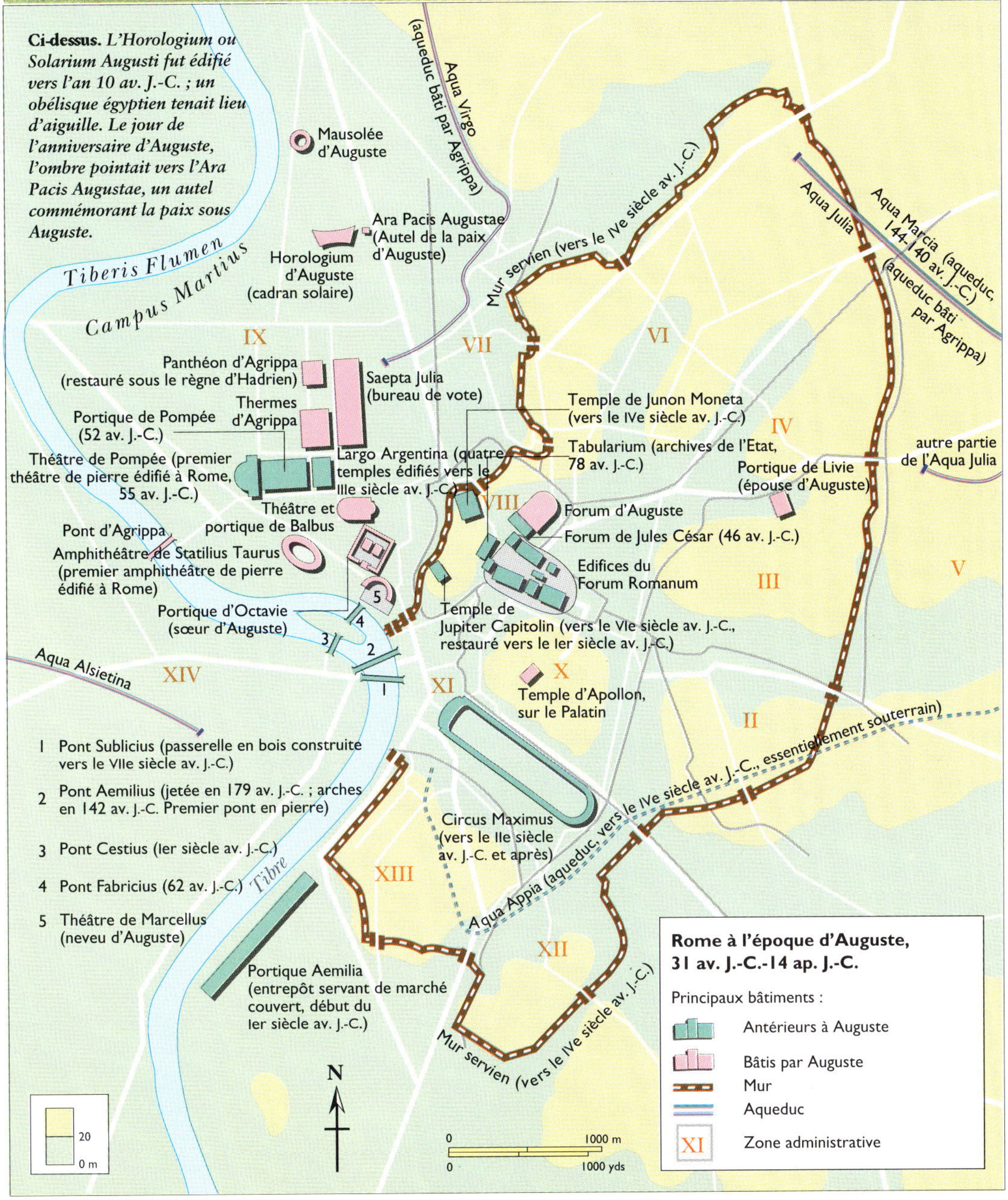

Claude et la conquête de la Bretagne

Cette tête en bronze de l'empereur Claude (règne 45-54 ap. J.-C.) proviendrait du temple de Claude à Colchester. Elle a été trouvée dans le fleuve Alde (Suffolk) : elle y a sans doute été jetée après avoir été arrachée à une statue prise pendant la rébellion de Boadicée.

« Ils sont partagés, au gré des passions, entre différents chefs. Et rien ne nous a mieux servis... que ce défaut d'union : rarement deux ou trois cités se concertent pour repousser un danger commun ; aussi chacune combat seule et toutes sont vaincues. »
Tacite, *Vie d'Agricola.*

Les Romains envahissent la Bretagne en 43 ap. J.-C. et soumettent la plus grande partie de l'île à un contrôle direct vers la fin du Ier siècle.

La Bretagne est tardivement rattachée à l'Empire. Jules César avait mené deux expéditions au sud de l'Angleterre en 55 et 54 av. J.-C., mais la promesse de soumission de plusieurs chefs du sud n'eut pas de suite, et la Bretagne échappa encore pendant un siècle au contrôle direct de Rome. A Rome, c'est une décision politique de Claude, plutôt qu'une nécessité économique ou militaire, qui provoque l'invasion de la Bretagne en 43. Le règne de Claude, qui suit l'assassinat de Caligula en janvier 41, repose sur des bases instables et il a besoin d'une victoire militaire pour rehausser son prestige. Son armée consiste en quatre légions commandées par Aulus Plautius qui devient le premier gouverneur de la Bretagne romaine. L'armée principale débarque à Richborough, traverse la Medway et la Tamise, et prend Colchester, capitale d'un puissant royaume.

Pendant des années, les Romains ne cessent d'étendre leur contrôle sur le reste de la Bretagne méridionale ; ils pénètrent aussi en Pays de Galles. En 47 ils matent une révolte des Icènes, anciens alliés de Rome ; quatre ans plus tard, ils sont vainqueurs du chef indigène Caratacus, qu'ils font prisonnier. Enfin, ils doivent faire face à la dernière opposition du sud : la révolte menée par Boadicée, reine des Icènes, en 60-61. La rébellion n'est réprimée qu'après de sérieux revers.

Les Romains commencent à dominer le nord de l'Angleterre par l'intermédiaire de leurs alliés, les Brigantes. Mais en 69 une faction ennemie prend le contrôle de cette tribu, provoquant une intervention militaire et le placement de la région sous autorité romaine. En 79, le célèbre général Agricola s'embarque pour conquérir l'Ecosse ; quatre ans plus tard il remporte une grande victoire sur les indigènes du mont Graupius. Mais alors des troubles sur la frontière du Danube contraignent l'empereur Domitien à retirer ses troupes de Bretagne et à renoncer à conquérir l'île entière. Les conquêtes d'Agricola sont peu à peu abandonnées. A la fin du siècle, la frontière a reculé jusqu'à l'isthme Tyne-Solway, où Hadrien fera édifier son mur *(voir p. 86-87)*.

Un carreau lancé par une baliste, fiché dans l'épine dorsale d'un squelette enterré à Maiden Castle (Dorset). La victime trouva peut-être la mort au cours du siège de ce fort par les Romains, ou pendant les massacres qui s'ensuivirent.

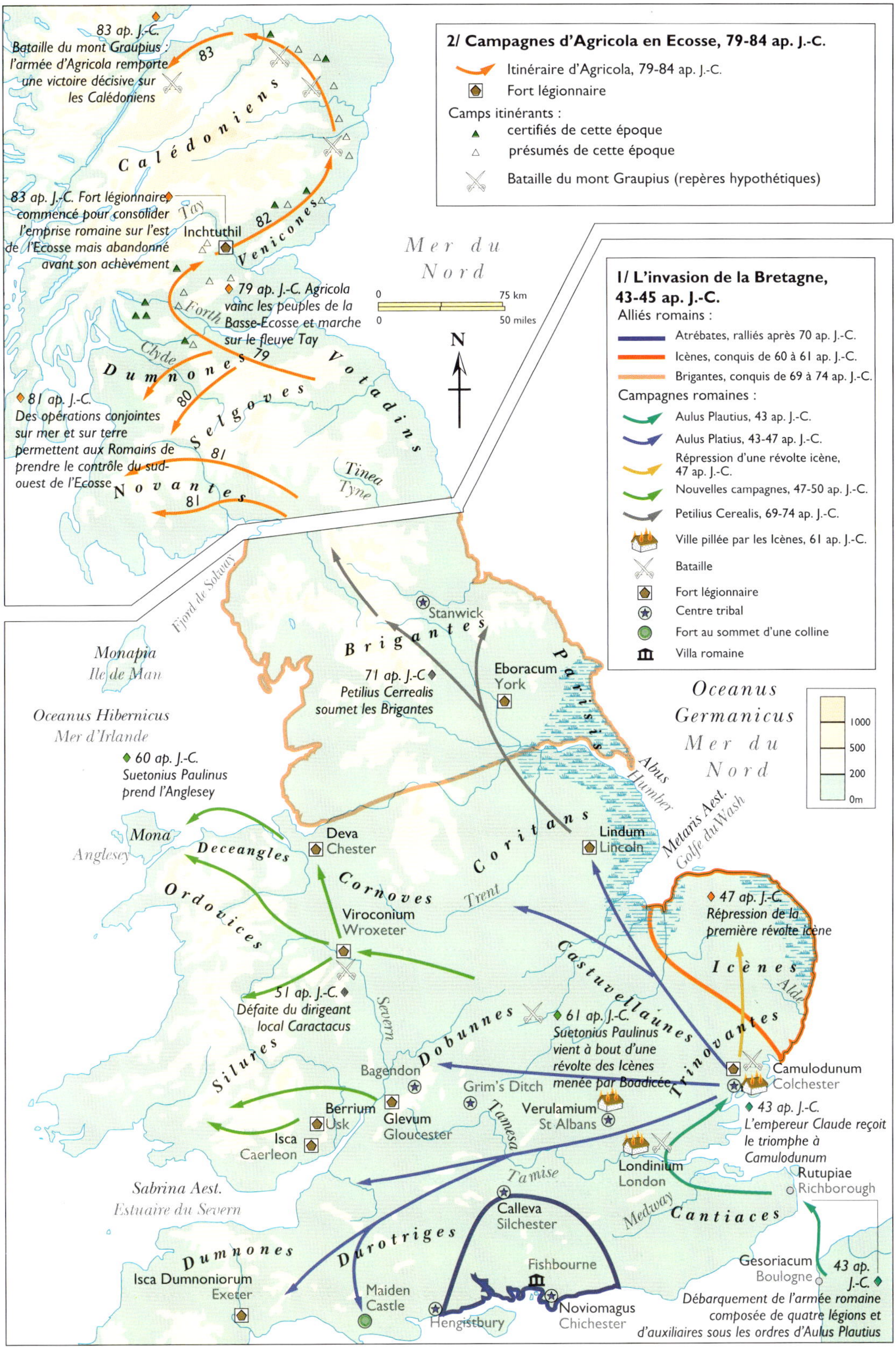
2/ Campagnes d'Agricola en Ecosse, 79-84 ap. J.-C.
Itinéraire d'Agricola, 79-84 ap. J.-C.
Fort légionnaire
Camps itinérants :
certifiés de cette époque
présumés de cette époque
Bataille du mont Graupius (repères hypothétiques)
83 ap. J.-C. Bataille du mont Graupius : l'armée d'Agricola remporte une victoire décisive sur les Calédoniens
Calédoniens
83 ap. J.-C. Fort légionnaire commencé pour consolider l'emprise romaine sur l'est de l'Ecosse mais abandonné avant son achèvement
Inchtuthil
Tay
Venicones
79 ap. J.-C. Agricola vainc les peuples de la Basse-Ecosse et marche sur le fleuve Tay
Forth
Clyde
Dumnones
Votadins
Selgoves
Novantes
81 ap. J.-C. Des opérations conjointes sur mer et sur terre permettent aux Romains de prendre le contrôle du sud-ouest de l'Ecosse
Tinea
Tyne
Mer du Nord
75 km
50 miles
N
1/ L'invasion de la Bretagne, 43-45 ap. J.-C.
Alliés romains :
Atrébates, ralliés après 70 ap. J.-C.
Icènes, conquis de 60 à 61 ap. J.-C.
Brigantes, conquis de 69 à 74 ap. J.-C.
Campagnes romaines :
Aulus Plautius, 43 ap. J.-C.
Aulus Platius, 43-47 ap. J.-C.
Répression d'une révolte icène, 47 ap. J.-C.
Nouvelles campagnes, 47-50 ap. J.-C.
Petilius Cerealis, 69-74 ap. J.-C.
Ville pillée par les Icènes, 61 ap. J.-C.
Bataille
Fort légionnaire
Centre tribal
Fort au sommet d'une colline
Villa romaine
Fjord de Solway
Stanwick
Brigantes
71 ap. J.-C. Petilius Cerrealis soumet les Brigantes
Eboracum
York
Parisis
Monapia
Ile de Man
Oceanus Hibernicus
Mer d'Irlande
60 ap. J.-C. Suetonius Paulinus prend l'Anglesey
Oceanus Germanicus
Mer du Nord
1000
500
200
0m
Abus
Humber
Metaris Aest.
Golfe du Wash
Mona
Anglesey
Deceangles
Deva
Chester
Coritans
Lindum
Lincoln
Ordovices
Cornoves
Trent
Viroconium
Wroxeter
47 ap. J.-C. Répression de la première révolte icène
Icènes
Alde
Castuvellaunes
51 ap. J.-C. Défaite du dirigeant local Caractacus
Severn
Dobunnes
61 ap. J.-C. Suetonius Paulinus vient à bout d'une révolte des Icènes menée par Boadicée
Trinovantes
Silures
Bagendon
Grim's Ditch
Camulodunum
Colchester
Berrium
Usk
Glevum
Gloucester
Verulamium
St Albans
Tamesa
43 ap. J.-C. L'empereur Claude reçoit le triomphe à Camulodunum
Isca
Caerleon
Londinium
London
Sabrina Aest.
Estuaire du Severn
Tamise
Rutupiae
Richborough
Calleva
Silchester
Medway
Cantiaces
Dumnones
Durotriges
Isca Dumnoniorum
Exeter
Fishbourne
Gesoriacum
Boulogne
43 ap. J.-C.
Débarquement de l'armée romaine composée de quatre légions et d'auxiliaires sous les ordres d'Aulus Plautius
Maiden Castle
Hengistbury
Noviomagus
Chichester

Néron et l'année des quatre empereurs

L'impopularité de Néron sonne le glas du règne de la dynastie d'Auguste et plonge l'Empire dans la guerre civile.

Néron (règne 54-68) est le dernier représentant des Julio-Claudiens, la dynastie fondée par Auguste. Il n'a que seize ans lorsqu'il succède à son père adoptif Claude ; il est alors guidé par des conseillers compétents, et les premières années de son règne apparaîtront par la suite comme un âge d'or. Plusieurs années de pouvoir finissent néanmoins par l'opposer au Sénat. En 65, il découvre et réprime violemment une grande conspiration dirigée contre lui. Il provoque aussi le mécontentement des riches en confisquant leurs propriétés. Enfin, la population le soupçonne, à tort, d'avoir allumé l'incendie qui a détruit le centre de Rome en 64. Néron ne fait qu'accentuer le doute : il rachète les terrains incendiés pour y faire bâtir sa Maison dorée, une luxueuse villa à jardins au cœur de la capitale.

Son règne prend fin en 68 lorsque Vindex en Galles, puis Galba en Espagne entrent en rébellion. Vindex est bientôt vaincu, mais Néron perd le soutien de Rome et se suicide en juin. Lui succède Galba, un vieil homme, qui entre dans Rome à l'automne 68 ; il est assassiné sur le Forum en janvier de l'année suivante. Lorsque son meurtrier, Othon, prend le pouvoir à Rome, les légions du Rhin se sont déjà déclarées en faveur de leur propre commandant, Aulus Vitellius. En Italie, Othon dispose de peu de troupes ; il est vaincu par l'armée de Vitellius lors de la première bataille de Crémone en avril. Vitellius prend alors le contrôle de Rome, mais en juillet un nouvel empereur est proclamé en Orient : Titus Flavius Vespasianus (Vespasien), qui dirige alors les opérations de la guerre contre les Juifs. Les légions du Danube se déclarent en faveur de Vespasien et, menées par Antonius Primus, elles défont les Vitelliens en septembre 69, lors de la seconde bataille de Crémone. En décembre, l'armée flavienne se fraie un chemin jusqu'à Rome, déloge Vitellius de sa cachette et le tue, lui aussi, sur le Forum. Vespasien devient le maître incontesté du monde romain, le quatrième et dernier empereur de cette année 69 mouvementée.

Les quatre empereurs qui succédèrent à Néron représentés sur leur monnaie d'argent. Tous étaient des administrateurs ou des militaires accomplis. Galba (en haut) était gouverneur de l'Espagne tarraconaise ; il avait plus de soixante-dix ans lorsqu'il fut élu empereur. Othon (second), ami et partisan de Néron, s'était allié à Galba dans l'espoir d'être nommé son successeur. Lorsque celui-ci lui préféra quelqu'un d'autre, Othon les fit tous deux assassiner. Peu après, Vitellius (troisième) marcha sur Rome où il prit le pouvoir, avec pour seul résultat de se faire déposer par les partisans de Vespasien (en bas).

Buste de Néron, sculpté de son vivant. Déclaré ennemi public par le Sénat, il s'enfuit de Rome et se suicida à l'âge de trente et un ans dans la villa d'un de ses affranchis, située dans les faubourgs. Selon la biographie de Suétone, ses derniers mots auraient été : « Ma conduite est ignoble, déshonorante. » Néron avait des partisans, qui continuèrent pendant des années à déposer des offrandes sur sa tombe.

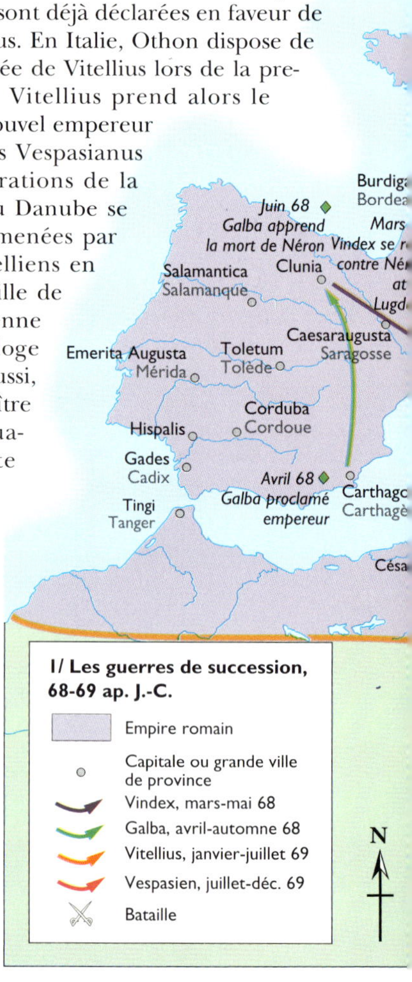

2/ Othon contre Vitellius, 69 ap. J.-C.
Armée d'Othon
Armée de Vitellius
Bataille
3/ Vitellius contre Vespasien, 69 ap. J.-C.
Armée de Vitellius
Armée de Vespasien
Bataille
Crêmone
1,2
Bedriacum
12 avril
Othon tient un conseil de guerre
Placentia
Plaisance
Brixellum
Brescello
Pô Padus
Bononia
Bologne
Mare Adriaticum
Fin mars
Caecina tente en vain un assaut sur Plaisance
16 avril
Suicide d'Othon
Arminium
Rimini
Mars-avril
L'armée de Vitellius se scinde en deux, sous les ordres de Valens et Caecina, pour envahir l'Italie
Fanum Fortunae
Fano
Mare Ligusticum
1 Début avril
Valens rejoint Caecina
Juin
L'armée de Vitellius marche sur Rome
2 14 avril
L'armée d'Othon vaincue
17 juillet
Vitellius entre dans Rome
Rome
14 mars
Othon quitte Rome
0 100 km
0 60 miles
N
Mi-août
Les partisans de Vespasien confient à Antonius Primus le soin d'envahir l'Italie
Poetovio
Fin août
Antonius occupe Aquilée
Aquilée
Fin sept.
Les partisans de Vespasien montent le camp
3 sept.
Antonius prend Padoue
Vérone
Patavium
Padoue
Crémone
1,2
Bedriacum
Hostilia
Placentia
Plaisance
Brixellum
Brescello
Padus
Pô
L'armée de Vitellius se scinde : la première division marche sur Hostilia, la seconde sur Crémone
Bononia
Bologne
Ravenne
Arminium
Rimini
Fanum Fortunae
Fano
20 nov.
L'armée de Vespasien marche sur Fanum Fortunae
Mare Ligusticum
Mare Adriaticum
1 24-25 oct.
L'armée de Vitellius est vaincue
15 déc.
Les Vitelliens tentent d'occuper Narnia, mais y renoncent
Narnia
Narni
2 Les Vitelliens abandonnent Hostilia et se rassemblent à Crémone
20 déc.
Les partisans de Vespasien forcent l'entrée de Rome et tuent Vitellius
Rome
17 sept.
Caecina quitte Rome à la tête de l'armée de Vitellius
0 100 km
0 60 miles
2 janv. 69
Les légions du Rhin se déclarent en faveur de Vitellius
Cologna Agrippina
Cologne
Rhenus
Rhin
14 avril 69
Première bataille de Crémone : les Vitelliens vainquent Othon
Augusta Treverorum
Trèves
Mai 68
24-25 oct. 69
Seconde bataille de Crémone : l'armée de Vespasien bat les Vitelliens
Vesontio
Août 69
Les légions du Danube se déclarent en faveur de Vespasien
Lugdunum
Lyon
Crémone
Padus
Pô
Massilia
Marseille
Genua
Gênes
Bononia
Bologne
Narona
Rome
Tarentum
Tarente
Byzance
Istanbul
Nicomédie
Ancyre
Ankara
Halys
Irmak
15 janv. 69
Othon détrône et tue Galba
20 déc. 69
L'armée de Vespasien occupe Rome
Mer Egée
Pergame
Laodicée
Eté 70
Vespasien marche sur Rome pour prendre le pouvoir
Athenae
Athènes
Ephèse
Tarse
Antioche
Palmyre
Cirta
Carthage
Syracusae
Syracuse
Damas
Tyr
Mare Internum
Méditerranée
Césarée
Juillet 69
Vespasien déclaré empereur
Hiver 69-70
Vespasien à Alexandrie
Alexandrie
Cyrène
Memphis
Nilus
Nil
Sinus Arabicus
Mer Rouge
0 450 km
0 300 miles

Les provinces occidentales

Du Sud urbain au Nord rural (celtique), les provinces occidentales de Rome déploient un large éventail de cultures.

« Aujourd'hui le monde entier jouit de la culture gréco-latine. D'élégants professeurs gaulois instruisent les futurs hommes de droit bretons... »
Juvénal, *Satire XV.*

Les prospères régions méditerranéennes d'Espagne *(voir p. 84-85)*, le sud de la France et l'Italie - qui ont développé leur vie urbaine bien avant que ne se propage l'influence romaine - constituent les provinces du sud-ouest. Plus au nord, en Gaule, en Bretagne et dans les deux Germanies s'étendent les terres des Celtes et autres tribus moins civilisées. Le gouvernement romain apporte à l'ensemble de ces régions des avantages - notamment la paix et de meilleures possibilités d'échanges commerciaux - et les provinces occidentales se laissent progressivement imprégner de culture romaine. On fonde de nouvelles villes en quadrillant le tracé des rues ; on élève des temples classiques et des thermes municipaux. On construit des amphithéâtres à l'intérieur ou à l'extérieur des grandes villes, et beaucoup de théâtres, surtout dans le Sud plus instruit. Des aqueducs transportent une eau potable et fraîche vers les villes, tandis que l'amélioration des routes et des ponts étend le réseau des communications.

Les provinces ne tardent pas à adopter le système impérial : l'empereur Claude accorde aux citoyens gaulois importants le droit de siéger au Sénat romain. Les provinces continueront de participer au pouvoir romain pendant les siècles suivants. La Bretagne et les deux Germanies jouent également un rôle important dans la vie politique de l'Empire, à la mesure de leurs garnisons : trois à quatre légions en Bretagne, huit (réduites par la suite à quatre) le long du Rhin, soutenues par de fortes troupes d'auxiliaires. Les légions du Rhin appuient les revendications de Vitellius en 69 *(voir p. 96-97)*. Des traces de l'ordre romain subsistent aujourd'hui encore : beaucoup de ces centres ont gardé leur influence, comme Paris et Londres.

Les traits d'une vie urbaine organisée apparurent très tôt dans les régions méridionales de Gaule : le temple d'Auguste et de Livie **(ci-dessous, à droite)** *fut édifié à Vienne au début du Ier siècle ap. J.-C.*

A droite. *Fondations d'un temple celtique à Oiseau-le-Petit, au nord de la France. Le temple central fut entouré d'un* **temenos**, *ou enceinte sacrée, schéma qu'on retrouve dans l'ensemble de la Gaule du Nord et de la Bretagne. Les dieux celtes - souvent identifiés à leurs équivalents romains - continuaient d'être vénérés dans les provinces du Nord.*

Ci-dessous. *Ce fourreau de cérémonie fut trouvé dans le Rhin. Richement orné d'or et d'argent, il comporte le portrait de l'empereur Tibère (règne 14-37 ap. J.-C.). Les légions du Rhin pouvaient faire ou défaire les empereurs, et ceux-ci s'assuraient la loyauté des officiers supérieurs par des cadeaux souvent somptueux.*

Les provinces occidentales gardèrent leurs traditions agricoles. Cette maquette en bronze trouvée à Piercebridge, dans le comté de Durham, représente un laboureur breton coiffé d'une capuche contre le froid, avec un attelage composé de deux bœufs.

Trois villes occidentales

Les fumeroles du Vésuve derrière le temple d'Apollon, dans l'enceinte sacrée principale de Pompéi. La colonne ionique qui se trouve à gauche fut érigée par les **duumvirs** *Sepunius et Errenius pour servir de cadran solaire.*

Pompéi doit sa renommée à la couverture de cendres qui tomba en pluie du volcan du Vésuve en août 79, ensevelissant les habitants, les pains dans les fours, les graffiti électoraux sur les murs, ainsi remarquablement préservés jusqu'à nos jours. Depuis le XVIIIe siècle, des fouilles ont mis au jour de vastes terrains qui fournissent de précieux renseignements sur la vie quotidienne d'une ville antique. Il y a là les habituels édifices publics : le forum (ou place du marché), un théâtre, un gymnase, et l'amphithéâtre où avaient lieu des spectacles de gladiateurs. Les somptueuses villas des riches s'ordonnent autour de cours à péristyle et sont ornées de fresques raffinées, tandis que magasins, bars et tavernes, boulangeries et lupanars montrent comment vivaient les gens ordinaires.

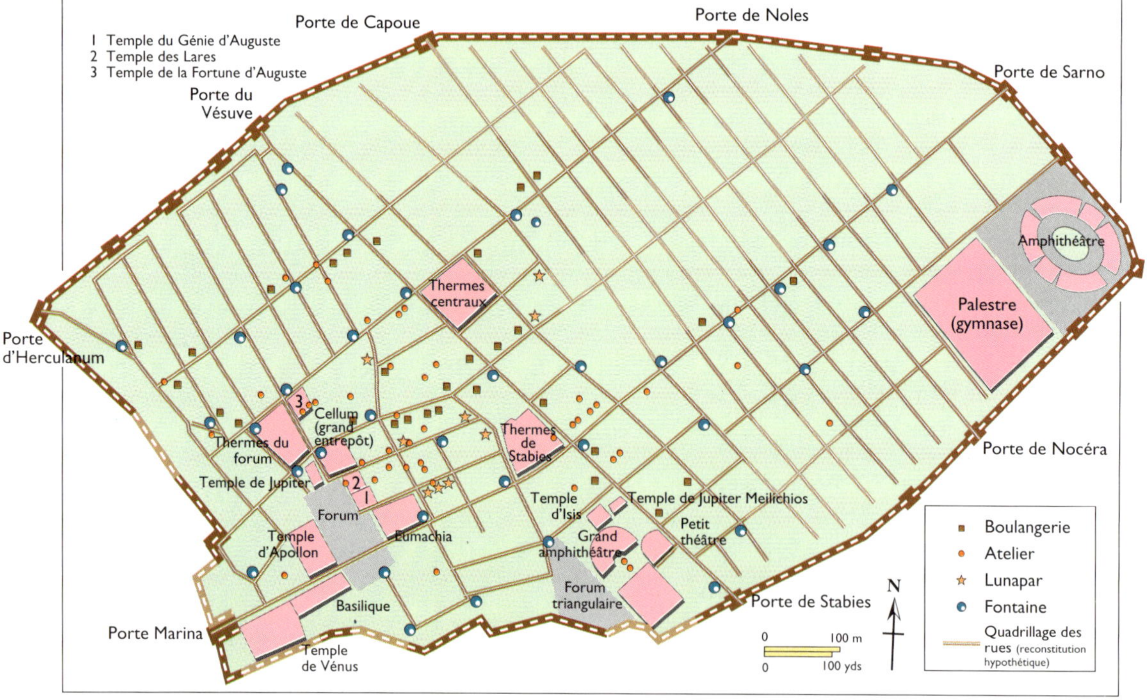

Londres, fondée après l'invasion de la Grande-Bretagne en 43 ap. J.-C. sur l'estuaire de la Tamise, devint vite la capitale de la province. Des décennies plus tard, elle avait acquis un forum, une basilique, un palais du gouverneur et, au début du IIe siècle, un amphithéâtre. Les remparts de la ville, construits vers 190, furent complétés par des dispositifs fortifiés sur les rives de la Tamise. Londres ne fut jamais une grande ville romaine : des travaux récents montrent que le nombre d'habitants, après avoir culminé au IIe siècle, chuta brutalement. Cependant, Londres resta un centre politique jusqu'à l'effondrement de l'Empire romain au Ve siècle.

Ce sol géométrique en mosaïque fut découvert en 1869 près de la Mansion House (Londres). Il remonte au IIIe siècle ap. J.-C. : sa qualité et le soin du détail montrent la relative importance de Londres dans la fin de la période romaine, même si la ville était alors en déclin comme centre urbain.

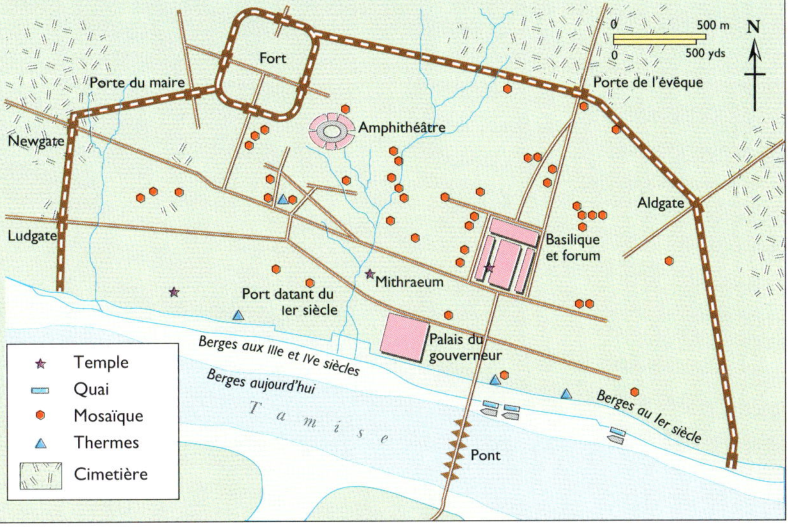

Trèves fut fondée par l'empereur Auguste et devint l'une des villes les plus importantes du nord-est de la Gaule. Le tracé quadrillé des rues remonte probablement au Ier siècle av. J.-C., tout comme le pont de pierre sur la Moselle ; mais les édifices les plus importants de la Trèves romaine datent des IIIe et IVe siècles, époque où la ville devint résidence impériale, d'abord des « empereurs gaulois » en sécession (259-273), puis de Constantin et Constance. Les remparts de la ville et l'importante Porta Nigra furent sans doute construits à cette époque. Il y avait également un grand palais impérial avec une salle d'audience (*basilica*) et un cirque ou champ de course, jouxtant l'énorme Kaisertheater ou thermes impériaux. A son apogée, Trèves aurait eu 80 000 habitants.

La Porta Nigra, porte du nord de la ville romaine de Trèves, fut sans doute bâtie au IIIe siècle ap. J.-C. Elle a subsisté parce qu'elle fut ensuite transformée en église et en palais pour les archevêques de Trèves.

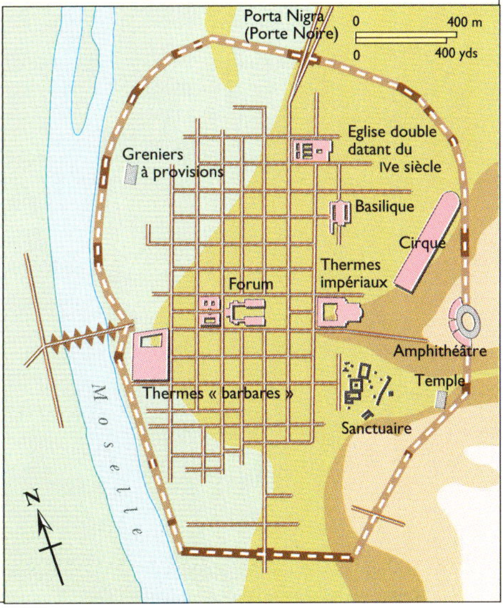

Vespasien et la guerre des Juifs

La mainmise romaine sur la Judée provoque la colère des Juifs religieux : au printemps 66, le mécontentement mue en révolte armée.

« Titus lui-même avait devant les yeux Rome, avec ses grandeurs et ses plaisirs, et tout le temps que tardait la chute de Jérusalem lui semblait perdu. » Tacite, *Histoires*.

Les rebelles juifs prennent le contrôle de Jérusalem et vainquent à Beth-Horon l'armée ennemie dirigée par le gouverneur romain de Syrie, Cestius Gallus. Ce succès leur permet de s'emparer de vastes régions de Judée et de Galilée. Comprenant que seule une campagne agressive pourrait éradiquer la révolte, l'empereur Néron délègue un commandant militaire expérimenté, Titus Flavius Vespasianus (Vespasien), avec une armée de trois légions et de nombreux auxiliaires. En 67, Vespasien reprend la Galilée et le contrôle des villes côtières de Judée ; puis l'année suivante, il s'empare de Jéricho et d'Emmafls, isolant ainsi davantage Jérusalem.

Vespasien se prépare à donner l'assaut final quand lui parvient la nouvelle de la chute de Néron. Toutes les opérations militaires sont suspendues en attendant l'accalmie de la crise de succession à Rome. En juillet 69, Vespasien lui-même est proclamé empereur par les armées d'Orient. Quelques mois plus tard, il gagne Alexandrie, laissant à son fils Titus le soin de mettre fin à la guerre contre les Juifs. En septembre 70, après sept mois de siège, Titus prend Jérusalem. Des groupes continuent à résister dans les forteresses d'Hérodium, de Macheronte et de Massada, mais elles sont finalement prises par les Romains.

Le dernier épisode de la guerre des Juifs fut la prise de Massada au printemps 74. Autour de cette citadelle rocheuse, le commandant romain Flavius Silva érigea un mur d'enceinte auquel il rattacha des forts. Il fut victorieux après avoir fait élever une grande rampe d'assaut sur le versant ouest, le long d'un pic naturel. Les assiégés choisirent de se suicider pour ne pas tomber aux mains des Romains.

Bas-relief appartenant à l'arche bâtie à Rome pour célébrer la victoire de Titus. On y voit les trésors du Temple emportés par les Romains.

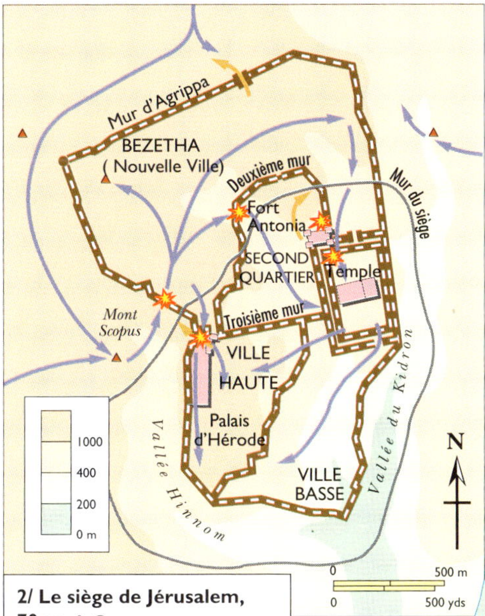

2/ Le siège de Jérusalem, 70 ap. J.-C.

En mars 70, Titus commença le siège de Jérusalem qui dura sept mois. Deux remparts tombèrent en mai, et le troisième, encerclé, résista jusqu'en septembre, date à laquelle les Romains percèrent ce dernier rempart. Jérusalem et le Temple furent détruits, les habitants furent tués ou vendus comme esclaves.

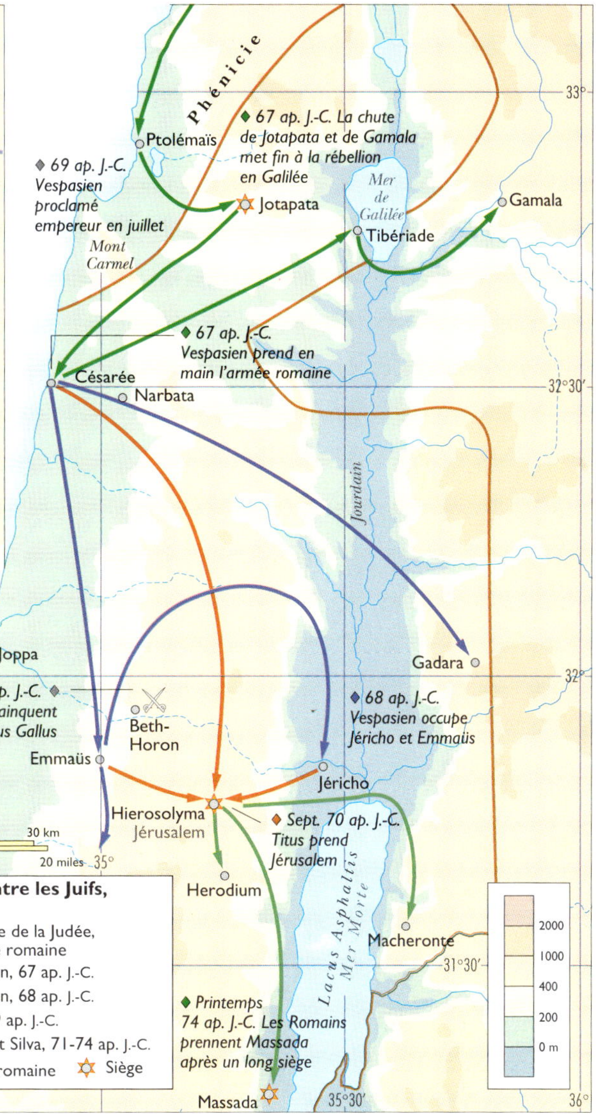

1/ La guerre contre les Juifs, 66-74 ap. J.-C.

Les guerres de Trajan

L'empereur Trajan (règne 98-117) est le premier dirigeant romain depuis plusieurs décennies à conquérir de nouveaux territoires et à créer de nouvelles provinces au sein de l'Empire.

La guerre Dacique permit à Trajan de rassembler un butin considérable. Il l'employa à construire à Rome un grand marché et un forum, qui furent dédiés en 112. Le Sénat y ajouta la colonne de Trajan (**ci-dessus**). *Ornée d'une frise de bas-reliefs en spirale représentant des épisodes de la guerre, elle servait de mémorial, et donne de précieux renseignements sur l'équipement de l'armée à l'époque de Trajan.*

Deux guerres importantes opposent Trajan aux Daces et aux Parthes. Le royaume de Dacie s'étend au nord du Danube dans la région de l'actuelle Roumanie. Sous le tout-puissant roi Décébale, la Dacie est devenue une menace pour la suprématie romaine depuis sa victoire sur les Romains sous le règne de Domitien (81-96). Trajan décide d'obtenir par la force la soumission des Daces. Après d'âpres combats, il les défait à la première guerre Dacique (101-102). Décébale accepte un traité de paix, mais il le rompt quelques années plus tard, en 105. Trajan lance alors une seconde campagne qui vise cette fois la conquête de l'ensemble du royaume, qui devient province romaine de Dacie.

En 114, l'empereur reprend la guerre pour combattre les grands rivaux de Rome en Orient, les Parthes. La même année, il s'empare des montagnes du royaume d'Arménie, et l'année suivante, il fait de la Mésopotamie une nouvelle province romaine. Il obtient sa victoire la plus spectaculaire en 116, lorsque son armée occupe le sud de la Mésopotamie et atteint le golfe Persique. Ces conquêtes ne seront pas définitives : Trajan a déjà cédé le sud de la Mésopotamie lorsqu'il meurt en août 117.

Sculpture en relief de porte-enseigne romains, appartenant au monument élevé à Tropeum Trajani (actuelle Adamclisi) par Trajan pour commémorer ses campagnes victorieuses en Dacie.

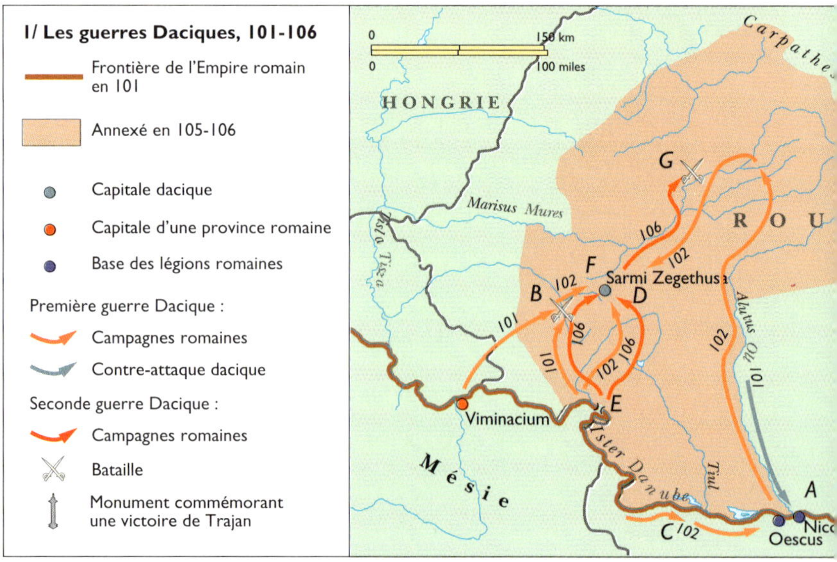

A ◆ 101
Une contre-attaque dacique échoue

B ◆ Fin 101
Les Daces infligent de lourdes pertes aux légions romaines

C ◆ 102
Trajan fait descendre le Danube à une partie de son armée, jusqu'à Oescus

D ◆ Fin 102
Les armées romaines se rassemblent pour l'assaut final ; les Daces demandent la paix

E ◆ 105
Trajan établit un pont pour franchir le Danube

F ◆ 106
Trajan prend la capitale dacique

G ◆ 106
Le dirigeant dace Décébale se suicide

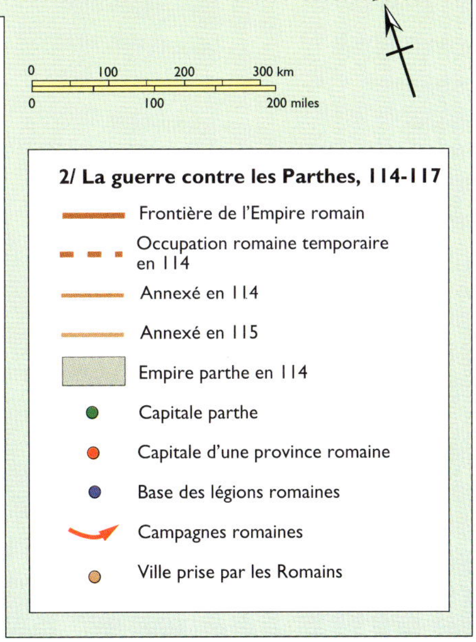

L'armée romaine

Grâce à son armée, une force de combat disciplinée qui l'emporte sur tous ses adversaires, Rome atteint sa grandeur.

Répliques modernes de l'armement du légionnaire romain : le **gladius**, *ou épée courte, arme servant à frapper « de pointe » dans le combat au corps à corps ; le* **pilum**, *ou javeline lourde, dont la pointe était conçue pour se tordre sous l'impact, si bien que l'ennemi ne pouvait s'en resservir ; le bouclier* (**scutum**) *et le casque.*

Dès le Ier siècle av. J.-C., et durant toute l'ère impériale, l'armée romaine repose principalement sur les légions, unités d'infanterie d'environ 5 000 hommes très entraînés et bien équipés. Chaque légion comporte 50 centuries d'environ 100 hommes commandés par des sous-officiers ou centurions. Six centuries forment une cohorte, et dix cohortes une légion. La plupart des légionnaires combattent avec une épée courte et une javeline (arme de jet), protégés par un bouclier rectangulaire et une cotte de maille. La force de la légion réside surtout dans son professionnalisme et sa discipline, qui lui permettent de mener à bien des manœuvres complexes au plus fort de la mêlée. Les légionnaires ont une prédilection pour la guerre de siège. Ils ont pour autre tâche de construire routes, forts et ponts.

Avec les légionnaires se trouvent d'indispensables auxiliaires, des soldats recrutés parmi les peuples colonisés. Ils opèrent en cohortes de 500 ou 1 000 hommes sous le commandement d'un officier romain. Certains – les archers syriens, par exemple – combattent en unités spécialisées avec leurs propres armes. Les auxiliaires s'engagent pour plus longtemps, et leur salaire est plus bas que celui des légionnaires, mais ils reçoivent la citoyenneté romaine à la fin de leur service.

Les légionnaires, en revanche, sont recrutés uniquement parmi les citoyens romains. Au début de la République, il s'agit encore de propriétaires fonciers et de fermiers suffisamment riches pour pouvoir acheter leur équipement. Marius modifie cette pratique à la fin du IIe siècle av. J.-C. en autorisant les citoyens démunis, y compris le prolétariat urbain, à s'engager. En 31 av. J.-C., à la fin des guerres civiles, une vaste armée de 60 légions romaines est en service. Auguste la réduit à 28 légions qu'il répartit le long des frontières aux endroits stratégiques. Le reste des troupes compte près de 300 000 hommes, pour moitié légionnaires, pour moitié auxiliaires, qui représentent une importante et continuelle dépense publique.

Dans le Haut-Empire, les légionnaires touchent 900 sesterces par an et s'engagent pour vingt ans. Pendant le service, il leur est interdit de se marier – bien que beaucoup aient une compagne et que leurs enfants illégitimes obtiennent la citoyenneté en s'engageant aussi. A la fin du Ier siècle, Domitien augmente la solde, ce que réitère Septime Sévère un siècle plus tard. Sévère autorise enfin les légionnaires à se marier et à vivre avec leur famille hors du camp. Une telle concession pouvait renforcer la loyauté des soldats, du moins était-elle une reconnaissance de leur véritable mode de vie. L'armée romaine devient toutefois moins mobile.

Au cours des IIIe et IVe siècles, elle subit des réformes destinées à contrer de nouveaux ennemis par de nouvelles stratégies. Jusqu'alors les troupes étaient réparties sur les frontières en petits effectifs, sans armée de réserve pour les urgences ou les campagnes spéciales. L'infanterie prédominait. Au milieu du IIIe siècle, on met en place une cavalerie mobile, puis sous Constantin l'armée est divisée entre troupes frontalières ou *limitanei*, et armées de contrôle territorial ou

Reconstitution moderne d'un **carroballista** *romain. Les coffres verticaux à l'avant contenaient les cordes destinées à tendre l'arc, qui pouvait propulser un carreau de 30 cm de long sur 300 mètres. Une arme similaire apparaît sur la frise de la colonne de Trajan.*

L'une des meilleures sources de renseignements sur l'armée romaine est le bas-relief en spirale de la colonne de Trajan. La section inférieure montre les provisions en chargement sur des « péniches » ; au-dessus, un sanglier, un bélier et un taureau sont menés au sacrifice tandis qu'un messager tombe de cheval sous les yeux de Trajan qui regarde du haut d'une tribune, au niveau suivant, les soldats construire un camp et un prisonnier dace (peut-être un espion) être traîné devant lui.

comitatenses, composées d'une infanterie et d'une cavalerie. L'armée de combat se montre toujours professionnelle et puissante, tout au long du IVe siècle et jusqu'au Ve siècle, alors que peu à peu, elle est augmentée de plus de mercenaires germains que de recrues romaines.

2/ Le fort légionnaire de Novaesium, au Ier siècle ap. J.-C.
Novaesium (Neuss), situé dans la province romaine de Basse-Germanie, est un fort légionnaire typique ; il a été l'objet de nombreuses fouilles. Situé sur le Rhin, frontière cruciale, il pouvait contenir jusqu'à 5 000 hommes. La XXe légion Valéria y séjourna jusqu'à ce qu'elle fût mutée en Bretagne où elle participa à l'invasion de 43 av. J.-C.

quartiers des officiers
caserne de la cavalerie
caserne de l'infanterie
caserne des centurions
greniers et stocks
échoppes artisanales

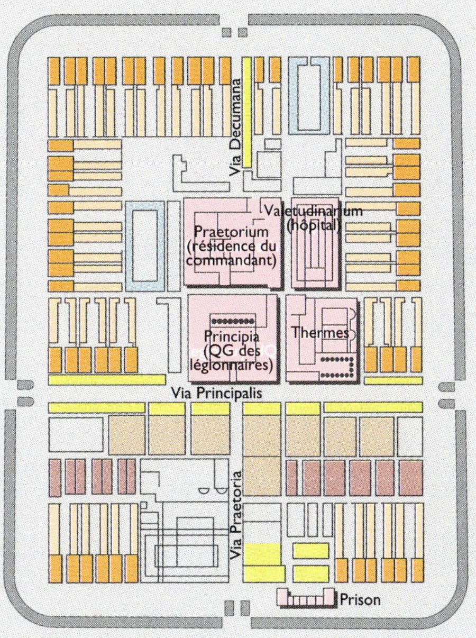

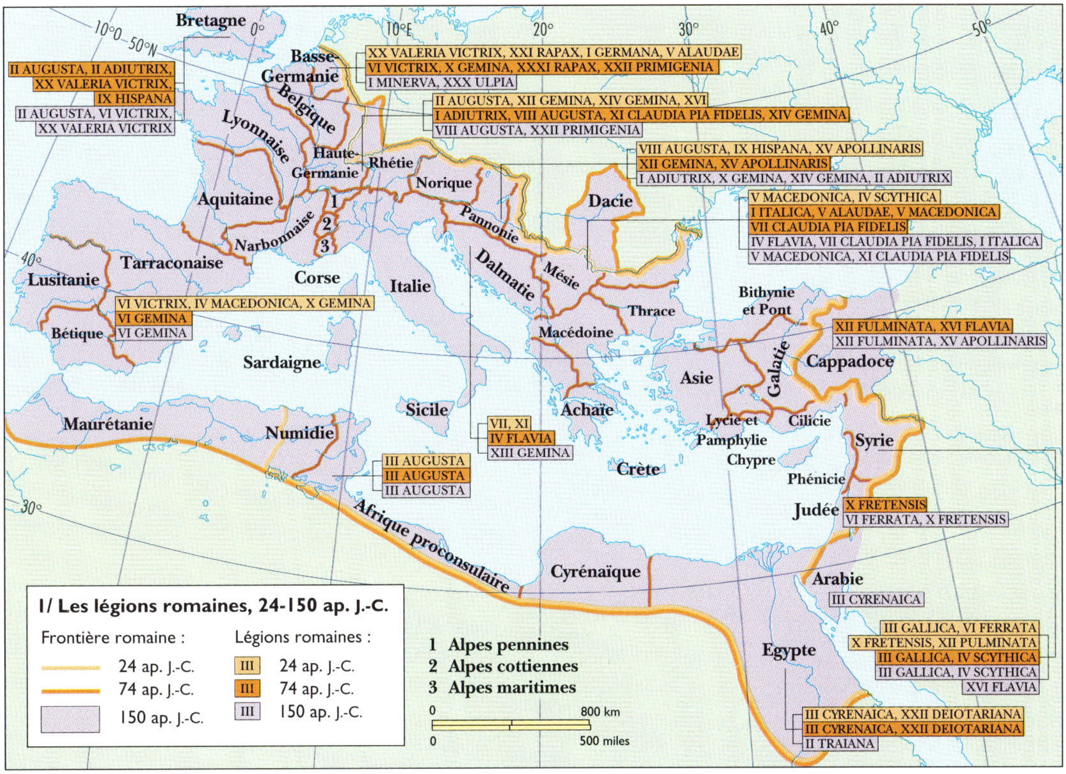

1/ Les légions romaines, 24-150 ap. J.-C.

III La paix impériale

Le IIe siècle fut pour l'Empire romain une période relativement stable. Les guerres de Trajan avaient étendu la domination romaine en Dacie, au-delà du Danube, et au sud-est en Arabie et en Mésopotamie. Même si, sous Hadrien, l'Empire renonça à certaines conquêtes orientales, le territoire était plus vaste que jamais. En sécurité à l'intérieur de ses frontières, l'Etat romain put jouir d'une paix et d'une prospérité apparentes. Cependant, la splendeur des monuments et le paternalisme des empereurs ne doivent pas faire oublier les importantes divisions d'une société où esclaves, fermiers, paysans et citadins pauvres côtoient les sénateurs et les riches.

Consolider les frontières

L'histoire de Rome au IIe siècle ne se résume pas à l'histoire des empereurs et de leur politique. Certes, d'un règne à l'autre, on voit des changements liés à de nouveaux problèmes, souvent très significatifs de la personnalité de chaque empereur. Par exemple, si la conquête de la Dacie était encore une stratégie digne de Trajan, ce ne fut plus le cas des conquêtes en Orient de la fin de son règne. Hadrien préféra mettre un frein à la machine militaire et insister sur la consolidation du territoire. Les murs qu'il fit construire sur certaines frontières sont représentatifs de cette politique. Les plus célèbres sont le mur d'Hadrien en Bretagne du Nord, et la frontière germanique entre le Rhin et le Danube. Ce fut une énorme entreprise. Une solide palissade de bois longue de 550 km traçait la frontière germanique ; le mur frontalier breton était moins long, mais plus épais : bâti en pierre, il faisait 3,50 mètres de large et 4 mètres de haut dans sa section orientale – la section occidentale, d'abord faite de tourbe, reçut par la suite un revêtement de pierre.

La consolidation des frontières par Hadrien était sans doute une bonne politique, mais surtout une transition dans l'histoire de l'Empire romain : le temps de l'expansion était achevé, le rôle des empereurs et de l'armée n'était plus de conquérir de nouveaux territoires, mais de défendre les possessions. Un siècle auparavant, Auguste avait déjà conseillé à ses successeurs de ne pas dépasser les frontières existantes pour des campagnes hasardeuses. L'expansion s'était poursuivie par à-coups, culminant au début du IIe siècle avec les guerres de Trajan. La politique frontalière d'Hadrien marqua donc le refus de poursuivre l'expansion territoriale et s'exprima concrètement dans ces constructions de pierre et de bois. L'armée joua de plus en plus un rôle défensif destiné à repousser les envahisseurs et à mater les rébellions. L'élan expansionniste prit fin, mais la stabilité restait difficile à maintenir. L'Empire dut battre en retraite de plus en plus souvent sous des pressions extérieures. Cette tension devait causer la chute de l'Empire romain en Occident.

Page de droite. *Le Panthéon, temple dédié à tous les dieux romains, fut créé par l'ami fidèle d'Auguste, Agrippa, en 27 av. J.-C. Hadrien le redessina entièrement en gardant le porche d'Agrippa ; mais il remplaça la structure rectangulaire originale par une audacieuse structure circulaire ornée d'un énorme dôme au diamètre plus large encore que celui de Saint-Pierre au Vatican. Il est un excellent exemple de la maîtrise des nouvelles techniques, en particulier de l'usage de la brique et du ciment, ainsi que d'une nouvelle conception du style. C'est le seul de tous les temples romains à avoir gardé son revêtement de marbre et de stuc. Il offre un modèle unique de l'aspect intérieur d'un grand monument romain.*

Gouvernement et rébellion

Hadrien consacra une grande partie des vingt et un ans que dura son règne à parcourir l'Empire. Il s'enrichit d'une expérience remarquable, que seul Auguste avait acquise avant lui. Ses voyages le menèrent dans les provinces de l'est et de l'ouest, conjuguant devoir officiel et agrément. Dans

Ci-dessus. *La Casa di Diana à Ostie, port romain, fut construit au milieu du IIe siècle ap. J.-C. Le rez-de-chaussée comportait des boutiques, et des escaliers menaient à des appartements, aux étages supérieurs.*

le monde romain, le centre du pouvoir était l'empereur et sa cour, où qu'il fût. Des suppliants et des plaideurs, demandant audience ou mandés à comparaître devant l'empereur, avaient souvent à entreprendre de longs et coûteux voyages. Aussi les tournées en province étaient-elles l'unique moyen pour l'empereur de se faire une idée exacte des problèmes et des besoins. Les voyages d'Hadrien sont caractéristiques de cette transition progressive, d'un Empire constitué de provinces conquises dirigées par une aristocratie italienne à une sorte de *commonwealth* s'étendant du désert syrien à l'océan Atlantique. Il est également significatif qu'Hadrien, comme avant lui Trajan, ait été d'origine espagnole, bien que né à Rome à la différence de Trajan.

C'est lors de son troisième voyage qu'Hadrien eut l'idée qui devait déclencher la seule guerre importante de son règne. Lors de son voyage en Palestine, il décida de faire de Jérusalem une nouvelle colonie qu'il rebaptiserait Aelia Capitolina, d'après son nom de famille, « Aelius ». Un demi-siècle plus tôt Titus avait détruit Jérusalem et son Temple, éminemment symbolique aux yeux de la communauté juive, et l'idée d'une colonie païenne sur leur site sacré déclencha une rébellion armée. Guidés par Simon Bar-Kochéba, ils menèrent pendant quatre ans guerre ouverte et guérilla, au point qu'Hadrien dut en personne rejoindre l'armée romaine.

Il revint à Rome en 135. Il était alors assez âgé, et ses dernières années furent consacrées à régler sa succession. Officiellement, il avait lui-même été adopté par Trajan sur son lit de mort – bien que certains aient prétendu que l'adoption n'était qu'une fable manigancée par l'impératrice. Hadrien n'avait pas d'enfants, ce qui le laissa libre de choisir son successeur. Il choisit Antonin le Pieux, un noble italien, riche et droit, aux opinions conservatrices. Le pacte stipulait qu'Antonin devrait à son tour adopter Marc Aurèle comme successeur. Ce système d'adoption réussit à l'Empire, depuis l'adoption de Trajan par Nerva en 97 jusqu'à la mort de Marc Aurèle en 180. Il évitait les hasards de l'hérédité, qui pouvait engendrer de bons empereurs comme de mauvais – par exemple Commode, le fils instable de Marc Aurèle.

La période antonine

L'accession au pouvoir d'Antonin le Pieux marqua le début de la période antonine, qui laissa à Rome le souvenir d'un âge d'or. Antonin régna vingt-trois ans. Son fils adoptif, le célèbre empereur philosophe Marc Aurèle, lui succéda. Tous deux furent des dirigeants estimés. Antonin le Pieux nous apparaît comme un homme bienveillant. A la différence de son prédécesseur Hadrien, il ne quitta pas l'Italie pendant son règne ; il n'avait franchi la mer qu'une fois dans sa vie. Il mena, toujours à distance, plusieurs guerres. La plus importante consista à réoccuper l'Ecosse du Nord abandonnée sous Domitien. En 159, Antonin ordonna la construction d'un nouveau mur, le mur Antonin, qui devait relier les estuaires du Clyde et du Forth. On préféra la tourbe et le bois à la pierre, mais l'entreprise n'en fut pas moins énorme, quoique l'espace conquis n'eût guère d'importance stratégique. Antonin mena encore des guerres en Maurétanie et sur la frontière du Danube, mais il eut la chance de ne pas avoir à affronter de crise grave. L'usage de la menace suffit à dissuader les Parthes, voisins orientaux de Rome, de briser la paix.

Marc Aurèle eut moins de chance. Il prit le pouvoir en 161, en partage avec son frère adoptif Lucius Vérus. Un an plus tard, Lucius Vérus dut partir en Orient pour contrer une inquiétante invasion des Parthes. Les Romains remportèrent en 165 une victoire importante et prirent, puis pillèrent, la capitale parthe Ctésiphon au sud de la Mésopotamie. Revenant à Rome l'année suivante, ils ne rapportèrent pas que du butin – ils rapportèrent la peste. Une épidémie de nature inconnue – sans doute différente d'une peste bubonique comme la célèbre Peste Noire – ravagea

Ce panneau en relief représente l'empereur Marc Aurèle (règne 161-180) et provient d'un monument aujourd'hui disparu, peut-être une arche triomphale commémorant ses campagnes sur le Danube.

Les grandes portes de bronze du Panthéon datent de la reconstruction de l'édifice sous Hadrien au IIe siècle.

l'Empire en 168, faisant des milliers de victimes à Rome et dans les autres villes. Devinant sans doute cet affaiblissement, les Germains décidèrent de franchir le Danube et envahirent l'Italie.

Ce fut le début des guerres Germaniques, qui devaient préoccuper Marc Aurèle pendant toute la fin de son règne (Lucius Vérus mourut en 169). En un sens, elles sonnaient le glas de la grandeur absolue de Rome : c'était la première fois depuis deux cents ans qu'un peuple étranger envahissait l'Italie, laissant présager les pires malheurs. Les principaux acteurs étaient cette fois les Quades et les Marcomans, peuples germains du nord du Danube. Leur incursion en Italie en 170 ouvrit une crise qui mit plusieurs années à se résorber. L'ordre fut finalement rétabli, non sans que des régions frontalières aient été largement dévastées. Pendant ce temps, Marc Aurèle consignait ses pensées philosophiques dans un carnet intitulé *Pensées pour moi-même* – qui constituèrent ses *Méditations*, sombre présentation du stoïcisme, recours aux malheurs et à l'adversité.

La fin d'une dynastie

Marc Aurèle consacra ses dernières années à renouveler ses tentatives d'annexion de l'Europe centrale, projet qu'Auguste avait abandonné presque deux cents ans plus tôt. Il mourut en 180, et avec lui tout projet de repousser les frontières. Commode, le nouvel empereur, ne tarda pas à manifester des symptômes mégalomanes et paranoïaques et laissa à certains hauts fonctionnaires le soin des affaires du gouvernement. Son régime devint très vite impopulaire : à une atmosphère de corruption venaient s'ajouter les excentricités de l'empereur. Il s'enthousiasma pour les spectacles de gladiateurs, y participant parfois en tenant le rôle du *secutor* (armé d'un glaive et d'un bouclier), adversaire du *retiarius* (armé d'un trident et d'un filet). La conduite de Commode ne fut peut-être pas aussi démente que l'ont rapporté les historiens romains, mais elle gêna l'élite romaine et finit par nuire à ses hauts fonctionnaires. Il avait projeté de faire une entrée triomphale dans l'amphithéâtre le 1er janvier 193, déguisé (une fois de plus) en gladiateur. La veille, il fut empoisonné, puis étranglé dans son lit. Sa mort marqua la fin de la dynastie antonine.

Edifices impériaux

Les empereurs du IIe siècle furent de grands constructeurs. Ils investirent les deniers publics dans divers projets d'envergure, dont certains servaient les plaisirs personnels des empereurs : Hadrien, Antonin le Pieux et Commode eurent chacun une villa sur le Palatin. La splendeur du palais résidentiel d'Hadrien à Tivoli éclipsait tous les autres : plusieurs pavillons massifs s'élevaient dans des jardins d'agrément ornés de sculptures et de fresques. Hadrien appréciait l'art grec, et beaucoup de ses sculptures étaient des copies de célèbres chefs-d'œuvre grecs. Antonin le Pieux possédait également sa maison de campagne à Laurentum, sur la côte sud, entourée, elle aussi, d'un vaste domaine. De même, Commode choisit de passer une grande partie de ses loisirs à quelque distance de Rome, dans la

villa des Quintilii sur la Via Appia, à une dizaine de kilomètres du centre de la ville. Toutefois, Rome resta le cœur de l'Empire et continua à bâtir de nouveaux monuments et édifices élevés à la gloire des Romains. Arcs de triomphe ou colonnes commémoratives rappelaient les victoires remportées à l'étranger. L'arc de Constantin fut en grande partie l'ouvrage d'Hadrien, et Marc Aurèle suivit l'exemple de Trajan en érigeant une grande colonne, ornée d'une frise en spirale, pour commémorer ses victoires dans les guerres du nord. Mais ce fut Hadrien qui se soucia le plus de la nouvelle architecture romaine. Il termina les travaux de construction du centre ville commencés sous Domitien, mais se distingua surtout par son entreprise de reconstruction du Panthéon. Autres édifices impériaux : les temples de Rome dédiés aux empereurs déifiés. Trajan, Hadrien, Antonin le Pieux et Marc Aurèle furent tous déifiés par le Sénat (non sans quelque opposition dans le cas d'Hadrien). Chacun se vit ensuite attribuer un temple. Celui de

L'expansion romaine répandit les éléments caractéristiques de la culture grecque dans toute la Méditerranée et au-delà. Les comédiens (à droite) *s'inspiraient du dramaturge grec Ménandre et de ses imitateurs romains, Plaute et Térence. Lorsque fut construit le théâtre romain de Dougga, en Tunisie* (ci-dessus), *au IIe siècle ap. J.-C., la grande époque du théâtre romain était passée depuis longtemps ; le dernier dramaturge d'envergure avait été Sénèque* (mort en 65 *ap. J.-C.*), *précepteur de Néron et auteur de nombreuses tragédies sanglantes. Les spectateurs préféraient le mime et la farce, et beaucoup de théâtres présentaient même des combats de bêtes féroces.*

Trajan, achevé sous Hadrien, était situé sur son forum. On peut encore admirer les colonnes d'Hadrien près de la bourse de Rome, sur la Piazza di Pietra. Le temple d'Antonin et Faustine (sa femme), devenu au XVIIe siècle l'église San Lorenzo in Miranda, se dresse encore aujourd'hui sur le Forum Romanum et donne une idée de l'échelle gigantesque de ces monuments à la gloire de la dynastie impériale.

Les travaux de construction impériaux allaient au-delà de Rome et l'Italie. L'un des projets les plus ambitieux de l'époque antonine concernait les grands thermes bâtis à Carthage, sur le front de mer. Au cours de ses tournées dans l'Empire, Hadrien fit également don d'édifices aux villes qu'il traversait, notamment la bibliothèque et le forum de sa bien-aimée Athènes. Et à ces monuments civils venaient encore s'ajouter les efforts énormes consacrés aux camps militaires et aux travaux frontaliers, comme les murs d'Hadrien et d'Antonin en Bretagne.

Littérature

Les premières décennies du IIe siècle marquèrent la fin de l'âge d'or de la littérature latine avec les écrits historiques de Tacite et les dernières satires de Juvénal. Ce n'est qu'un peu plus tard qu'apparurent les célèbres biographies des douze premiers Césars par Suétone, ancien secrétaire d'Hadrien qui le renvoya pour mauvaise conduite. Ces auteurs latins furent pour ainsi dire les derniers classiques. La fin du siècle vit paraître *L'Âne d'Or*, roman comique d'Apulée. Un poème anonyme et énigmatique intitulé *Pervigilium Veneris* (les veilles de Vénus) appartiendrait aussi à cette époque. Le grec revenait à la mode ; c'était à présent la langue littéraire, au détriment du latin. Marc Aurèle, bien que Romain de naissance et d'éducation, choisit par exemple de rédiger ses *Méditations* en grec. Le plus grand écrivain grec de cette période reste sans conteste Plutarque, originaire de Chéronée (Grèce), qui écrivit des essais, des dialogues et des vies parallèles de Grecs et de Romains célèbres.

La société romaine au IIe siècle

L'historien Edward Gibbon commence son ouvrage *Déclin et Chute de l'Empire romain* par ces mots : « Si l'on demandait à un homme de choisir, sur toute l'histoire mondiale, la période durant laquelle la condition de la race humaine fut la plus heureuse et la plus prospère, il nommerait sans hésitation celle qui se déroula de la mort de Domitien à l'accession au trône de Commode. Le vaste territoire de l'Empire romain était gouverné par un pouvoir absolu, guidé par la vertu et la sagesse. Les armées étaient tenues d'une main ferme, mais amicale, par quatre empereurs dont le caractère et l'autorité commandaient, qu'on le veuille ou non, le respect. »

Ce tableau n'est pas loin de la vérité. C'est à cette époque en effet que l'Etat mit en place, en encourageant les gens fortunés à le suivre, un modèle de distribution alimentaire par lequel les villes investissaient les intérêts de l'argent prêté aux propriétaires fonciers pour nourrir et vêtir les enfants des familles nécessiteuses. L'Etat aida également les villes en banqueroute qui s'étaient endettées pour pouvoir financer des projets architecturaux.

Cependant, cette période ne fut pas idyllique. Des épidémies se déclarèrent à partir des années 160. De plus, la société commença à se scinder entre *honestiores* et *humiliores* : auparavant, tous les citoyens étaient égaux devant la loi, la seule opposition étant entre citoyens et non-citoyens. Mais l'extension de la citoyenneté romaine fit naître des pressions sociales qui aboutirent à une division entre riches et pauvres. Au cours du IIe siècle se développa un processus qui, peu à peu, vit les plus riches, les *honestiores*, acquérir par la loi plus d'avantages et d'indemnités, lésant les citoyens démunis, *humiliores*. Ainsi, une loi d'Hadrien spécifia les châtiments réservés à ceux qui se mettraient en faute avec les bornes limitrophes, c'est-à-dire qui auraient volé des terres. Les hommes importants étaient punis d'exil, mais les autres étaient battus et condamnés à deux ans de travaux forcés. Des châtiments plus rigoureux étaient réservés aux groupes marginaux, comme les chrétiens, qui refusaient de sacrifier aux dieux traditionnels.

Les changements sociaux allaient de pair avec le déclin économique de certaines régions de l'Empire. On peut douter que Rome ait jamais fait réellement sienne l'idée d'un territoire fixe que ne viendraient plus alimenter les profits des guerres d'expansion. La capitale continua de prospérer grâce à sa position au cœur de l'Empire. D'autres villes italiennes eurent un ralentissement de leur croissance, et le centre de gravité bascula du côté des dépendances de Rome. La Gaule, la Rhénanie, et l'Afrique en particulier, connurent au IIe siècle une expansion économique qui se fit au détriment des industries italiennes traditionnelles. Tandis que se modifia la géographie économique de l'Empire, sa politique changea aussi : les provinciaux devinrent de plus en plus puissants. Ces évolutions, ainsi que les pressions croissantes sur les frontières, devaient marquer le siècle suivant.

L'empereur Commode (règne 180-192) aimait s'identifier aux dieux. Ce buste le représente sous les traits d'Hercule. Dans un accès de mégalomanie, il rebaptisa la flotte qui convoyait le blé - aliment vital - à Rome, la Commodiana Herculea, *et appela Rome la* Colonia Commodiana.

Les voyages d'Hadrien

Cette pièce de quatre drachmes fut frappée à Alexandrie pendant la dixième année du règne d'Hadrien (127-128). Une face est ornée du portrait de l'empereur, l'autre d'un vase de Canope, utilisé par les Egyptiens pour conserver les organes extraits du corps lors de la momification.

Le règne de l'empereur Hadrien (117-138) fut pour l'Empire romain une époque de consolidation et de retranchement.

Dès le début de son règne, Hadrien abandonne les conquêtes orientales de Trajan (à l'exception de l'Arabie, soumise pacifiquement en 106). En 121, il s'embarque pour la première de ses expéditions qui le mèneront dans tous les recoins de l'Empire.

L'un de ses principaux objectifs concerne la sécurité des frontières : il fortifie les défenses de plusieurs régions, notamment celles du Rhin et du Danube, de première importance. Son œuvre la plus considérable en matière de fortifications reste la construction, en Angleterre du Nord, d'un mur qui porte encore son nom et qu'il fait élever pour marquer la séparation entre les Bretons romanisés et les barbares.

Hadrien est un grand amateur de culture grecque, et il part souvent en Grèce et dans les provinces romaines hellénisées. Il passe au moins trois hivers à Athènes, qu'il dote d'une bibliothèque, d'un forum et d'un arc. Il visite aussi l'Egypte et remonte le Nil jusqu'à Thèbes. Son dernier voyage en Orient est moins touristique que militaire : il veut reconstruire Jérusalem, détruite en 70 ap. J.-C. par Titus, pour en faire une ville romaine qui porterait le nom d'Aelia Capitolina. Les Juifs protestent par une grave révolte armée qu'il met quatre ans à réprimer.

« Sa villa de Tibur était construite à la perfection ; il en baptisa même certaines parties d'après des lieux et provinces… Lycée, Académie, Prytanée, Canope, Pœcile et Temple. Par souci de ne rien omettre, il fit même un Hadès… »
« Vie d'Hadrien », extrait de Suétone, *Vie d'Auguste.*

L'influence des voyages d'Hadrien apparaît dans le palais qu'il fit bâtir à Tivoli (Tibur) près de Rome. Ce vaste complexe d'édifices s'étendait sur près d'un kilomètre et offrait plusieurs styles d'architectures qui s'inspiraient et qui portaient le nom des lieux qu'il avait visités. Le Canope, bassin à colonnade, doit son nom à un célèbre canal égyptien ; le Pœcile (portique peint) est copié de l'original athénien. Il y avait aussi un théâtre (au premier plan) et un pavillon circulaire abritant des appartements, et bordé d'une colonnade semi-circulaire.

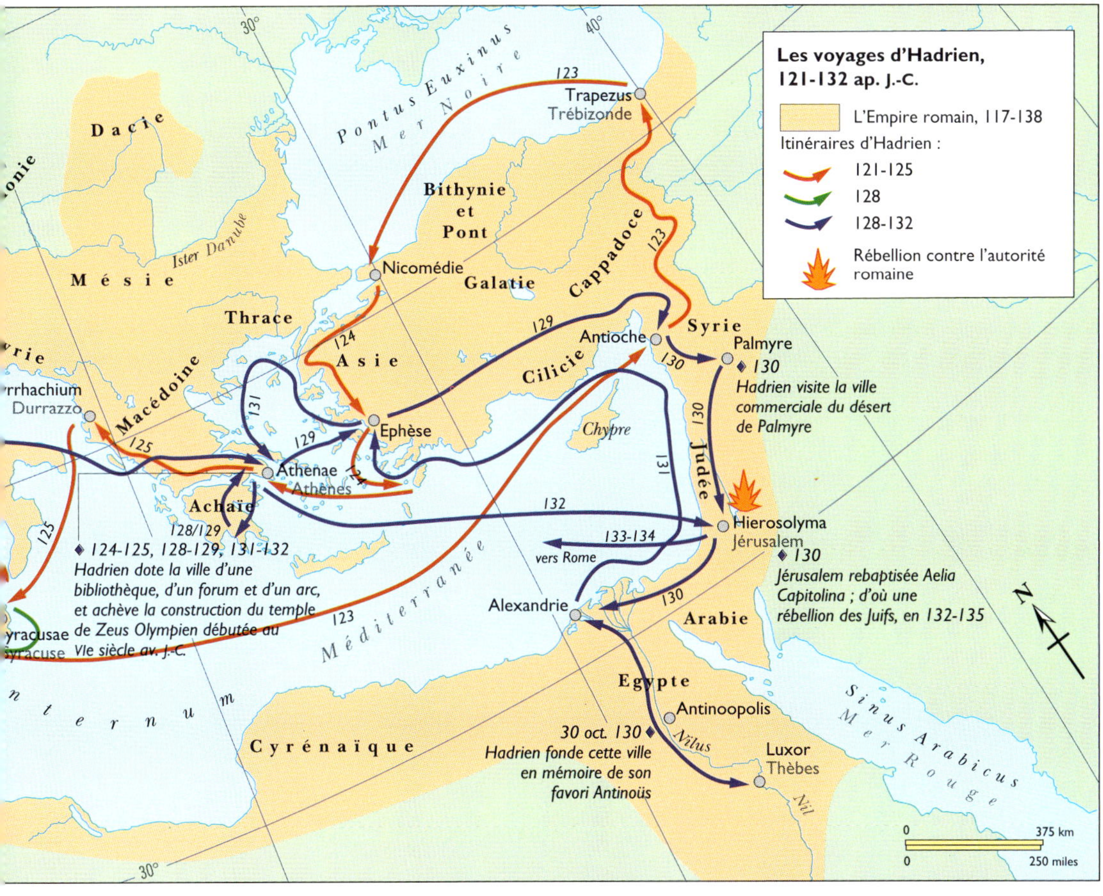

Les provinces orientales

Au cours des Ier et IIe siècles av. J.-C., Rome prend le contrôle de l'Asie Mineure, du Levant et de L'Egypte. Elle acquiert quelques-uns des territoires les plus riches du monde méditerranéen.

Les régions florissantes s'inspirent de la culture grecque depuis plusieurs siècles et l'on y parle grec plutôt que latin. Mais l'influence hellénistique n'empêche pas divers traditions locales et langages primitifs de subsister. Ainsi se pratiquent des religions exotiques telles le culte de l'Artémis Aux Multiples Seins à Ephèse, le culte du Soleil à Héliopolis (Baalbek) et à Emèse, et la religion pharaonique en Egypte, sans oublier le monothéisme intransigeant des Juifs qu'on trouve non seulement en Judée, mais aussi à Alexandrie et dans d'autres villes.

Mosaïque du Ve siècle provenant de Daphné, près d'Antioche, et représentant l'activité de la vie urbaine dans l'Orient romain. A gauche, un homme allongé se fait servir par un de ses esclaves. Passé les trois figures à sa droite, on voit le « stade olympique ». Derrière, un homme chevauche vers les thermes. A droite, les sources qui ont fait la célébrité de Daphné.

Page de droite. *Les bâtiments du temple de Philée en Egypte du Sud. Situé sur une île du Nil, ce temple fut commencé sous Ptolémée et achevé au cours de la période romaine. Les noms d'Auguste, Caligula et Claude apparaissent sur les cartouches des colonnades. Trajan ajouta un kiosque au IIe siècle. Philée demeura un lieu important pour le culte d'Isis et Osiris jusqu'à l'époque chrétienne et la suppression du culte au* VIe *siècle.*

La paix romaine favorise l'essor du commerce et de l'agriculture dans cet univers pluriethnique et polyglotte. Les édifices et les monuments des premiers siècles après Jésus-Christ révèlent la prospérité des individus et des communautés. Les grandes cités comme Antioche ou Alexandrie rassemblent des centaines de milliers d'habitants, et même des cités moins importantes comme Aphrodisias en Asie Mineure, ou Gerasa (Jerash) dans le Levant sont dotées de théâtres et de fontaines.

L'Egypte joue un rôle crucial dans le système romain. La fertilité de son sol, due aux crues annuelles du Nil, lui permet de produire du blé en surplus ; aussi Rome reçoit-elle chaque année du blé égyptien pour nourrir la population des villes. L'Egypte est si exceptionnelle qu'Auguste interdit aux sénateurs de s'y rendre sans autorisation impériale ; il la considère comme son domaine privé, et y est adoré comme un pharaon.

La sécurité des provinces orientales est très menacée par la montée du puissant Empire perse au cours du IIIe siècle ap. J.-C. Mais la capitale impériale est transférée, en 330, de Rome à Constantinople, et l'Orient continue à prospérer tandis que déclinent les provinces occidentales – Bretagne, Gaule et même Italie. Seules les invasions islamiques du VIIe siècle mettront fin à l'hégémonie romaine dans cette région.

Le théâtre de Bostra, construit au IIe siècle ap. J.-C. Cette ville nabatéenne devint la capitale de la province romaine d'Arabie, annexée par Trajan en 106. Pendant le règne de Sévère Alexandre (222-235), elle devint une colonia *romaine.*

Villes et provinces d'Orient
au IIe siècle ap. J.-C.
Frontière de l'Empire romain
Capitale de province
Forteresse légionnaire
Autre métropole
Principale route romaine
30° E
40° E
0
250 km
0
150 miles
N
UKRAINE
RUSSIE
Ister Danube
Pontus Euxinus
Mer Noire
Sinope
Trapezus
Trébizonde
Amastris
Bithynie et Pont
Satala
Byzance
Istanbul
Chalcédon
Nicomédie
Izmit
Nicée
Iznik
Thessalonique
Ancyre
Ankara
Cappadoce
Mélitène
Malatya
EMPIRE
Tigre
PARTHE
IRAK
40° N
Mare
Aegeum
Mer Egée
TURQUIE
Galatie
Halys Irmak
Mazaca
Kayseri
Samosate
GRECE
Asie
Pergame
Iconium
Konya
Tyana
Hiérapolis
Pamukkale
Athenae
Athènes
Ephèse
Lycie et
Pamphylie
Cilicie
Tarse
Zeugma
Cyrrhus
Euphrate
Milet
Antioche
Orontes
Syrie
Halicarnasse
Side
Laodicée
Lattakié
Rhodes
Myra
Emesa
Homs
Chypre
Désert Syrien
Crète
Heliopolis
Baalbek
Berytus
Beyrouth
Mare Internum
Méditerranée
Lejjun
Bostra
Brousse
Césarée Maritime
Gerasa
Jerash
Aelia Capitolina
Jérusalem
Palestine
Cyrène
Euphespérides
Beighazi
Nicopolis
Alexandrie
Péluse
Petra
Arabie
Babylone
Clysha
Cyrénaïque
LIBYE
30°
Memphis
ARABIE
SAOUDITE
Aegyptus
EGYPTE
Myus Hormus
Nil
Nilus
Sinus Arabicus
Mer Rouge
Eléphantine/Syène
Assouan
Philée

Trois villes orientales

Ephèse, sous la domination romaine, est la ville phare de l'Est égéen et la capitale de la province romaine d'Asie. Dans les premiers siècles après J.-C., elle est reconstruite magnifiquement, avec des rues à colonnades, des thermes étalés sur plusieurs bâtiments et d'autres superbes édifices publics, dont une bibliothèque richement décorée. La ville prospère grâce à son port, relié à la mer par un étroit canal et au centre ville par une rue bordée de colonnes et éclairée la nuit par des lampes à huile. Autre richesse : le commerce des pèlerinages qu'attire le magnifique temple situé en dehors de la ville et dédié au culte d'Artémis.

Un des vestiges les plus impressionnants de l'Ephèse romaine est la bibliothèque construite en mémoire de Tiberius Julius Celsus au début du IIe siècle ap. J.-C. Ornée de colonnes et couverte de marbre, elle pouvait contenir jusqu'à 12 000 manuscrits pour l'achat desquels Celsus légua 25 000 deniers.

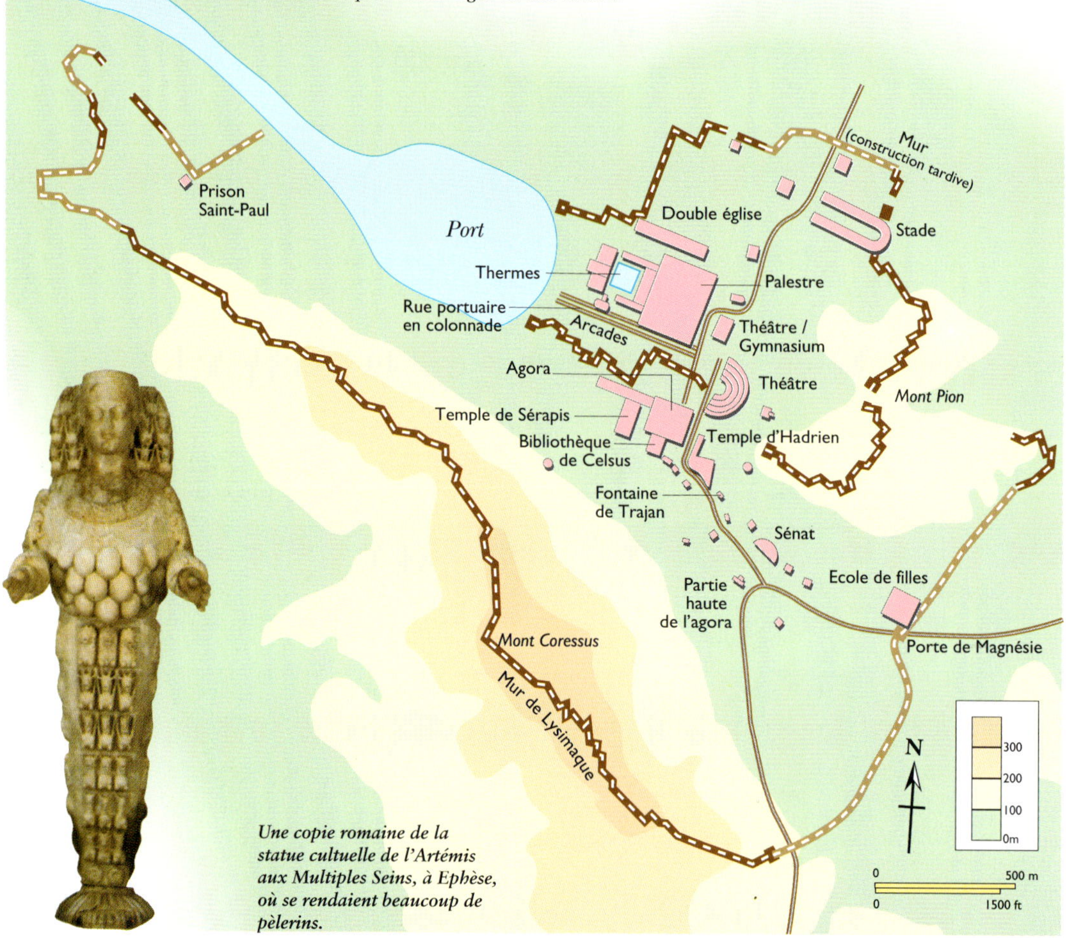

Une copie romaine de la statue cultuelle de l'Artémis aux Multiples Seins, à Ephèse, où se rendaient beaucoup de pèlerins.

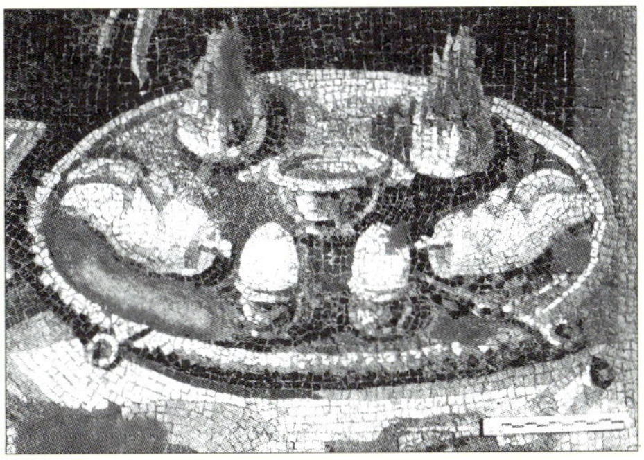

Mosaïque représentant une table dressée. On voit le raffinement quotidien des riches citoyens d'Antioche, dans les splendides villas de Daphné, le faubourg sud d'Antioche.

Antioche, sur l'Oronte, est la capitale de la province de Syrie. Célèbre pour son opulence, elle tire ses ressources du commerce et des produits agricoles des plaines voisines, notamment vin et huile d'olive. Contrairement à beaucoup d'autres métropoles romaines, elle se situe à vingt kilomètres de la mer et elle est reliée par une route à son port de Séleucie. Les remparts rappellent qu'Antioche était très exposée aux attaques perses du IIIe siècle ; malgré cela, elle resta un des centres du pouvoir politique et du commerce. Le raffinement qu'elle atteignit vers la fin de la période romaine paraît dans les villas luxueuses de Daphné, faubourg du sud, célèbre pour ses grandes beautés naturelles.

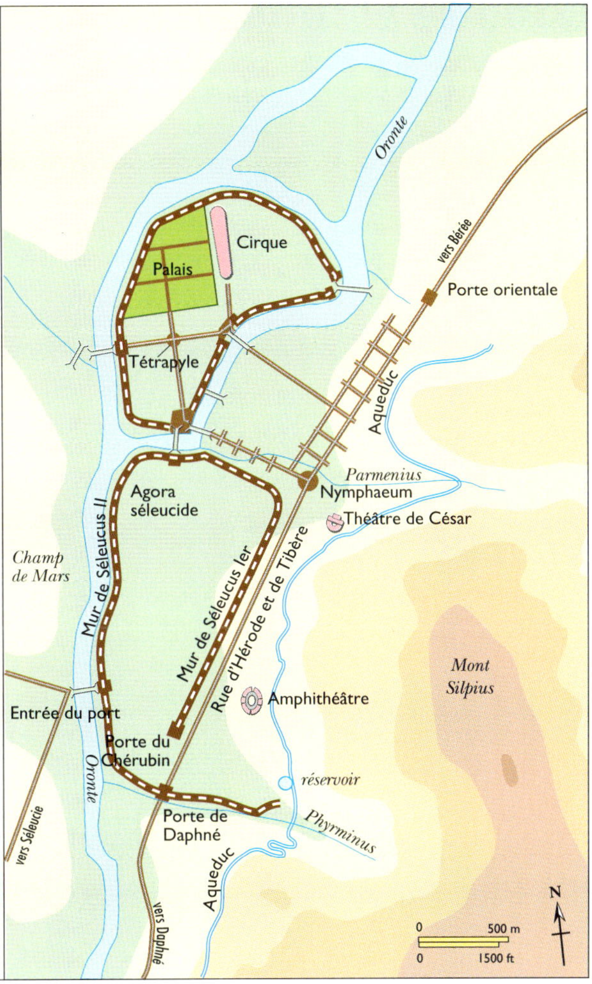

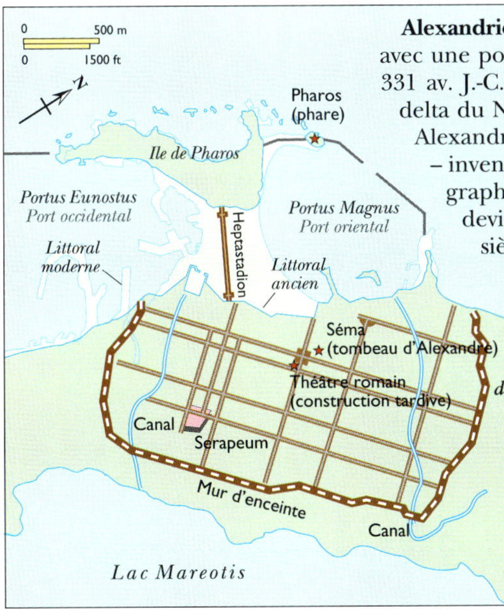

Alexandrie est la deuxième plus grande cité du monde romain, avec une population d'un demi-million de personnes. Fondée en 331 av. J.-C. par Alexandre le Grand, elle est située à l'ouest du delta du Nil. C'est le port d'embarquement du blé pour Rome. Alexandrie est aussi un centre culturel actif, la patrie d'Héron – inventeur d'une turbine à vapeur rudimentaire – et du géographe et astronome Ptolémée. A partir du IIe siècle, elle devient un des hauts lieux de la théologie chrétienne et le siège de l'un des quatre patriarches. Grande métropole, Alexandrie est réputée à l'époque pour ses émeutes et ses combats de rue.

Les constructions de l'Alexandrie moderne ont fait disparaître une grande partie de l'ancienne ville romaine. Ce petit théâtre semi-circulaire est un des édifices qui ont résisté aux siècles. Des colonnes de marbre importées d'Italie étaient échelonnées sur le mur extérieur. Sur les gradins de pierre sont représentés des conducteurs de char.

Ecriture et littérature

L'écriture tient une place fondamentale dans la société romaine, à travers les inscriptions sur les monuments, les œuvres littéraires, les rapports administratifs, et même les graffiti sur les murs.

« Voici mes plaisanteries et mots d'esprit, mes amours et mes peines, mes plaintes et contrariétés ; mon style est parfois simple, parfois élevé... »
Pline le Jeune, *Lettres.*

Cette fresque de Pompéi montre une jeune femme tenant un stylet et des tablettes.

Il est difficile de connaître le nombre de Romains qui savent lire ou écrire à l'époque antique. Les riches reçoivent l'enseignement d'un précepteur pendant toute leur enfance. Les moins privilégiés doivent recourir à d'autres moyens, comme l'aide d'un ami ou d'un parent pédagogue, ou encore de l'école (dans les villes). L'éducation est rarement gratuite, mais il semble que, parmi les pauvres, certains sachent lire et écrire. La prose ampoulée et la rhétorique ingénieuse sont le privilège d'une élite, mais la

Parmi les nombreuses tablettes en bois retrouvées dans le fort de Vindolanda, sur la frontière nord de la Bretagne romaine, figurait cette invitation à une soirée d'anniversaire, datant environ de 100 ap. J.-C. : **« Claudia Severa à sa chère Lépidina, salut! Je t'invite cordialement à te joindre à nous le 11 septembre pour fêter mon anniversaire et agrémenter ce beau jour de ta présence. Transmets mes salutations à ton Cerialis. Mon Aelius te salue ainsi que tes fils. Je t'attends, ma sœur. Adieu, ma très chère âme, porte-toi bien, et salutations. »** ***Sulpicia Lépidina était l'épouse du commandant de la garnison. La fin de la lettre est la plus ancienne écriture féminine en latin.***

Dans les bibliothèques romaines, on stockait les manuscrits dans des casiers, une petite étiquette en parchemin fixée à leur extrémité. Gravure d'après une sculpture trouvée au XVIIe siècle près de Trèves, et perdue par la suite.

Ci-dessus, à droite. *Ce papyrus d'Oxyrhynchus (Egypte), datant du IIIe siècle, est un abrégé de l'historien Tite-Live. Beaucoup d'ouvrages anciens n'ont survécu que sous la forme d'abrégés ou fragments. Tite-Live écrivit 142 ouvrages historiques. Trente-cinq sont intacts, contre beaucoup d'autres abrégés.*

rédaction quotidienne d'un rapport de travaux ou de simples lettres est une pratique relativement courante, du moins parmi la population urbaine, tout comme la capacité de déchiffrer les panneaux et les inscriptions publiques.

Plusieurs supports sont utilisés pour écrire. En Orient, et même en Italie, le papyrus est très répandu. On fabrique le papier à partir de la tige de cette plante égyptienne, découpée en bandes que l'on colle ensemble. Plusieurs documents rédigés sur papyrus ont été conservés par les sables secs d'Egypte. Parmi eux, le plus ancien fragment d'Evangile connu : un passage de l'Evangile selon saint Jean, sans doute écrit au IIe siècle ap. J.-C. Lorsque le papyrus est introuvable ou trop cher, on a recours au parchemin ou vélin, fait de peaux d'animaux de bétail, moutons ou chèvres. On utilise aussi à cette époque des tablettes à stylet : leur surface est enduite d'une mince couche de cire colorée. Le message est gravé avec un stylet de bronze ou de fer. Ces tablettes peuvent resservir en raclant la cire. Elles servent pour les messages éphémères aussi bien que pour les testaments et contrats légaux.

On écrit aussi sur de minces feuillets de bois, si fins qu'on peut les plier et écrire une adresse au verso. On peut également les lier ensemble à leurs angles, comme un accordéon. Les documents de parchemin et de papyrus, au début de la période romaine – tout comme en Grèce classique – sont rangés en rouleaux qui peuvent atteindre cinq mètres de longueur et comportent parfois des enrouleurs à chaque extrémité. Ils sont conservés dans des boîtes ou sur des étagères, mais sont peu pratiques à manipuler. Une innovation importante, bien qu'elle ne soit adoptée que tardivement, est celle du livre ou *codex* pour lequel on coud les feuilles sur un côté. Les livres font leur apparition au IIe siècle ap. J.-C., surtout pour des textes chrétiens, mais ce n'est qu'au IVe siècle que leur usage se généralisera.

Nombre de provinces orientales possédaient de belles bibliothèques publiques. L'empereur Hadrien, amateur d'art passionné de culture grecque, fit construire cette bibliothèque à Athènes après sa visite en 124 ap. J.-C.

Crayons faits de roseau et de métal (bronze ou fer) qui servaient à écrire sur papyrus ou vélin. L'encre, un mélange de suie et d'eau, était conservée dans d'élégants encriers de bronze.

Commerce et transports

Des voies de communication terrestres et maritimes efficaces facilitent les échanges commerciaux à travers tout l'Empire, et bien au-delà de ses frontières.

Monnaie de bronze frappée sous le règne de Néron (54-68) pour commémorer l'achèvement du pont d'Ostie, à l'embouchure du Tibre, près de Rome. On y voit le bassin, bordé de quais et peuplé de bateaux. La figure inclinée de l'arrière-plan représente le Tibre.

Les Romains sont célèbres pour leurs routes qui relient les provinces éloignées de l'Empire. Elles permettent un déploiement rapide des armées et stimulent l'économie en favorisant le transport des produits d'une ville à l'autre. Les Romains utilisent des chars à deux ou quatre roues, tirés par des bœufs ou des chevaux. Une loi précise sans doute le côté de la circulation. Les empereurs et leurs armées voyagent surtout par route ; pour les marchandises, le transport maritime est préférable : l'édit sur les prix promulgué par l'empereur Dioclétien nous apprend qu'il est moins coûteux de convoyer le blé par bateau d'Espagne en Syrie que de le transporter par route sur 80 km. Les multiples naufrages de bateaux romains au large des côtes méditerranéennes témoignent de l'étendue du commerce maritime et de ses risques. Les marchandises les plus importantes sont le vin, l'huile d'olive et le blé. Vin et huile d'olive sont convoyés dans de grandes amphores en terre cuite enveloppées de paille – le vin pouvant aussi être transporté en barriques. Le blé, produit de base de l'économie romaine, est transporté en bateau d'Egypte ou d'Afrique (la Tunisie actuelle) jusqu'à Rome, où il est distribué tous les mois à la population des villes.

La plupart des habitants continuent toutefois à vivre des récoltes locales. Les riches font souvent exception : ils se procurent des produits de luxe étrangers, tels que la soie de Chine, l'encens d'Arabie, ou les épices d'Asie du Sud-Ouest. Certains de ces biens empruntent la Route de la soie qui passe par l'Asie centrale, d'autres traversent l'océan Indien. En échange, les marchands romains font commerce d'or, de verrerie, et d'autres produits manufacturés que l'on retrouve aujourd'hui jusqu'en Malaisie et au Viêt-nam.

Tronçon de voie romaine à Vulci (Italie), particulièrement bien conservé. Ces grandes artères de communication étaient construites solidement, pour résister aux intempéries et être utilisables quel que soit le climat.

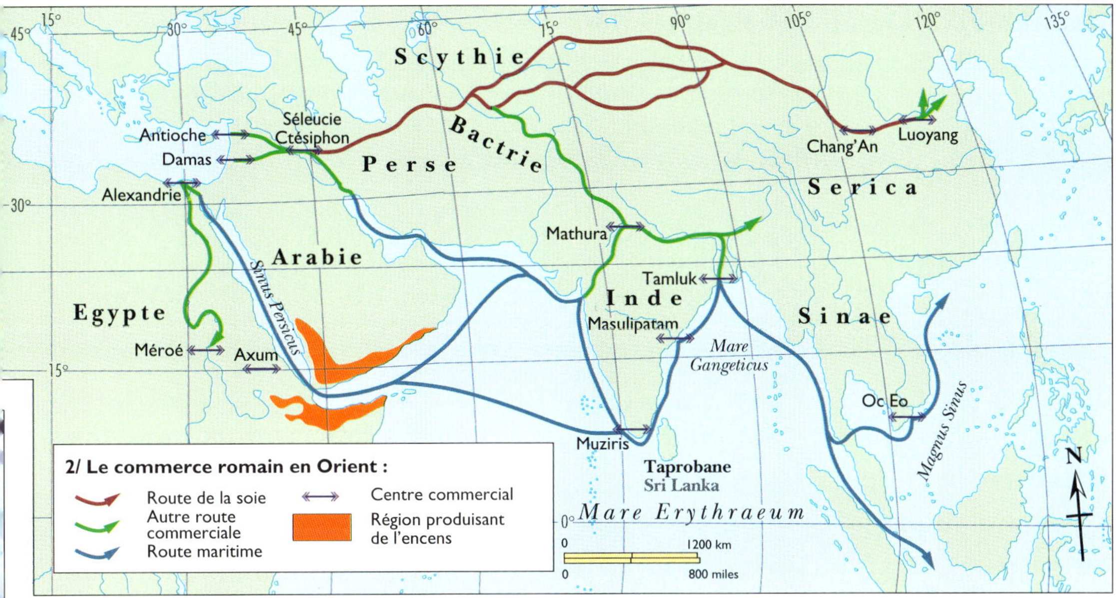

2/ Le commerce romain en Orient :
Route de la soie
Autre route commerciale
Route maritime
Centre commercial
Région produisant de l'encens
Scythie
Bactrie
Perse
Arabie
Egypte
Inde
Serica
Sinae
Antioche
Damas
Alexandrie
Séleucie Ctésiphon
Méroé
Axum
Sinus Persicus
Mathura
Tamluk
Masulipatam
Muziris
Mare Gangeticus
Taprobane
Sri Lanka
Mare Erythraeum
Chang'An
Luoyang
Oc Eo
Magnus Sinus
N
0
1200 km
800 miles

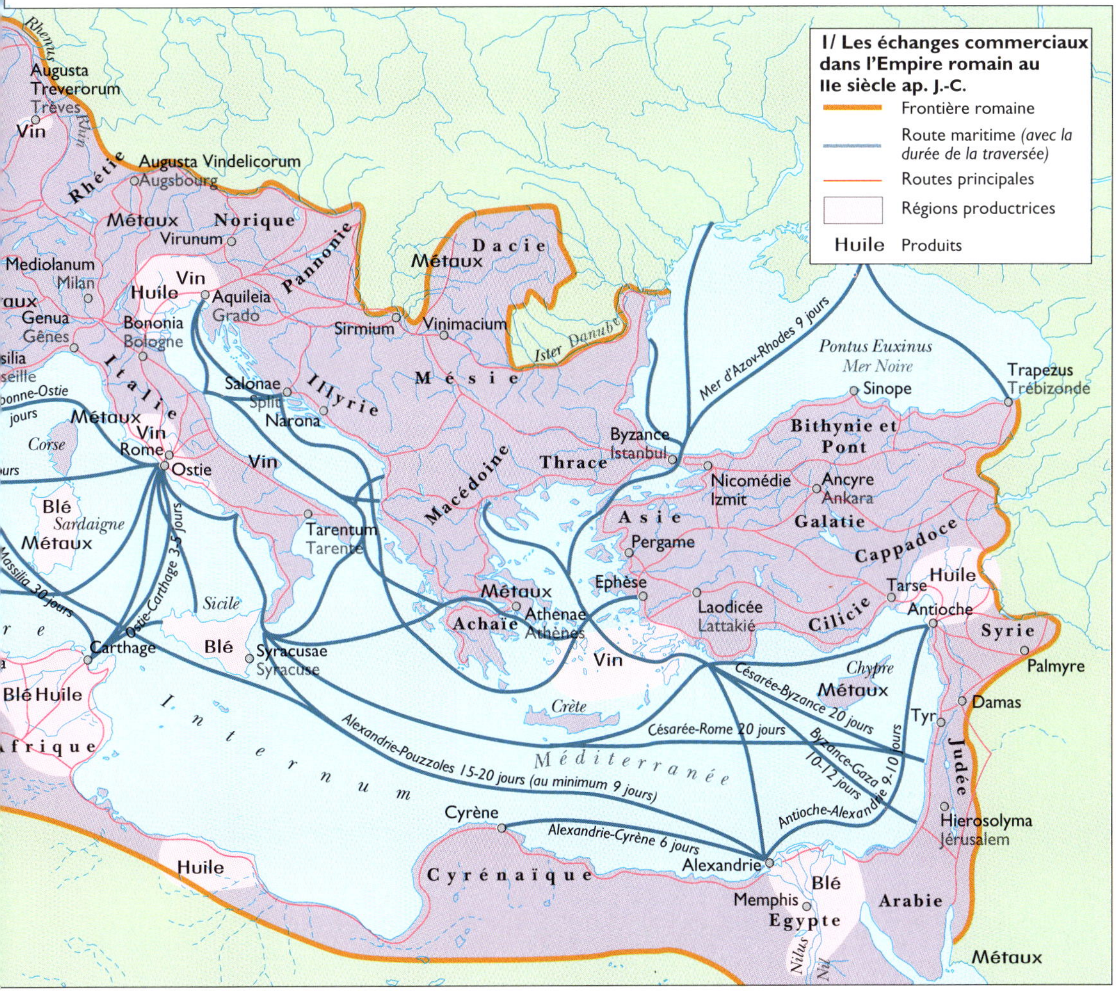

1/ Les échanges commerciaux dans l'Empire romain au IIe siècle ap. J.-C.
Frontière romaine
Route maritime (avec la durée de la traversée)
Routes principales
Régions productrices
Huile Produits
Rhenus
Rhin
Augusta Treverorum
Trèves
Vin
Rhétie
Augusta Vindelicorum
Augsbourg
Métaux
Norique
Virunum
Pannonie
Mediolanum
Milan
Huile
Vin
Aquileia
Grado
Genua
Gênes
Bononia
Bologne
Italie
Sirmium
Vinimacium
Dacie
Métaux
Ister Danube
Mésie
Salonae
Split
Narona
Illyrie
Métaux
Vin
Rome
Ostie
Corse
Blé
Sardaigne
Métaux
Vin
Tarentum
Tarente
Macédoine
Thrace
Byzance
Istanbul
Mer d'Azov-Rhodes 9 jours
Pontus Euxinus
Mer Noire
Sinope
Trapezus
Trébizonde
Bithynie et Pont
Nicomédie
Izmit
Ancyre
Ankara
Galatie
Asie
Pergame
Cappadoce
Massilia 30 jours
Ostie-Carthage 3,5 jours
Sicile
Blé
Carthage
Syracusae
Syracuse
Métaux
Athenae
Athènes
Achaïe
Ephèse
Laodicée
Lattakié
Cilicie
Tarse
Huile
Antioche
Syrie
Palmyre
Vin
Blé Huile
Afrique
Interum
Crète
Chypre
Métaux
Césarée-Byzance 20 jours
Césarée-Rome 20 jours
Byzance-Gaza 10-12 jours
Damas
Tyr
Judée
Alexandrie-Pouzzoles 15-20 jours (au minimum 9 jours)
Méditerranée
Antioche-Alexandrie 9-10 jours
Hierosolyma
Jérusalem
Cyrène
Alexandrie-Cyrène 6 jours
Alexandrie
Huile
Cyrénaïque
Blé
Memphis
Egypte
Arabie
Nilus
Nil
Métaux

L'amphithéâtre romain

La passion des Romains pour les combats de gladiateurs nécessite la construction de vastes amphithéâtres. On peut encore voir des ruines dans toute l'Europe et l'Afrique du Nord.

« Je me suis arrêté par hasard à un spectacle de midi, espérant y trouver un divertissement spirituel et relaxant... Ce fut exactement le contraire... le matin, les hommes sont jetés aux lions et aux ours ; à midi, ils sont jetés en pâture aux spectateurs... "Tue-le! Fouette-le! Brûle-le!"... et lorsque le spectacle s'interrompt sur un entracte : "Faites tuer quelques hommes entre-temps! Donnez-nous quelque chose à voir!" »
Sénèque, *Lettres à Lucilius.*

Les jeux occupent une place importante dans la vie romaine, surtout en Italie et dans les provinces occidentales où ils sont l'occasion de nombreux combats, souvent sanglants. Les plus habituels sont les combats de gladiateurs – combattants professionnels qui rappellent les boxeurs d'aujourd'hui, mais en armes : le rétiaire porte un filet et un trident, le secutor, un glaive, un casque et un bouclier. Ce sont là les plus typiques, mais il existe d'autres sortes de gladiateurs.

Tous les participants n'ont pas reçu d'entraînement préalable. Les criminels condamnés à mort – éventuellement les chrétiens – sont parfois contraints à s'entretuer, ou ils sont exposés nus dans l'arène à des bêtes sauvages. Des milliers d'animaux périssent lors de ces spectacles – jusqu'à 11 000 dans les grands jeux donnés par Trajan en 107. Le divertissement le plus élaboré reste celui du combat naval (naumachie), qui se déroule dans des amphithéâtres remplis d'eau ou sur des lacs artificiels créés pour l'occasion.

La violence de ces spectacles a choqué de nombreux commentateurs modernes – et quelques anciens –, mais cela ne signifie pas que les Romains aient été plus assoiffés de sang que les spectateurs de films ou de séries télévisées non moins violents. La violence dans les arènes était distanciée, codifiée et placée dans un contexte précis. Finalement, l'empereur Honorius (395-423) interdit les combats de gladiateurs.

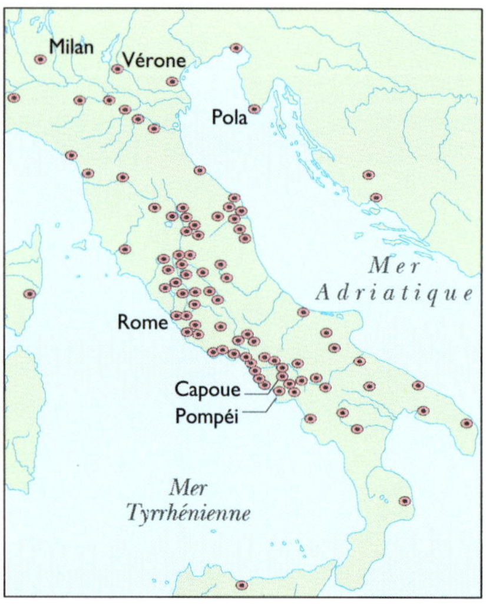

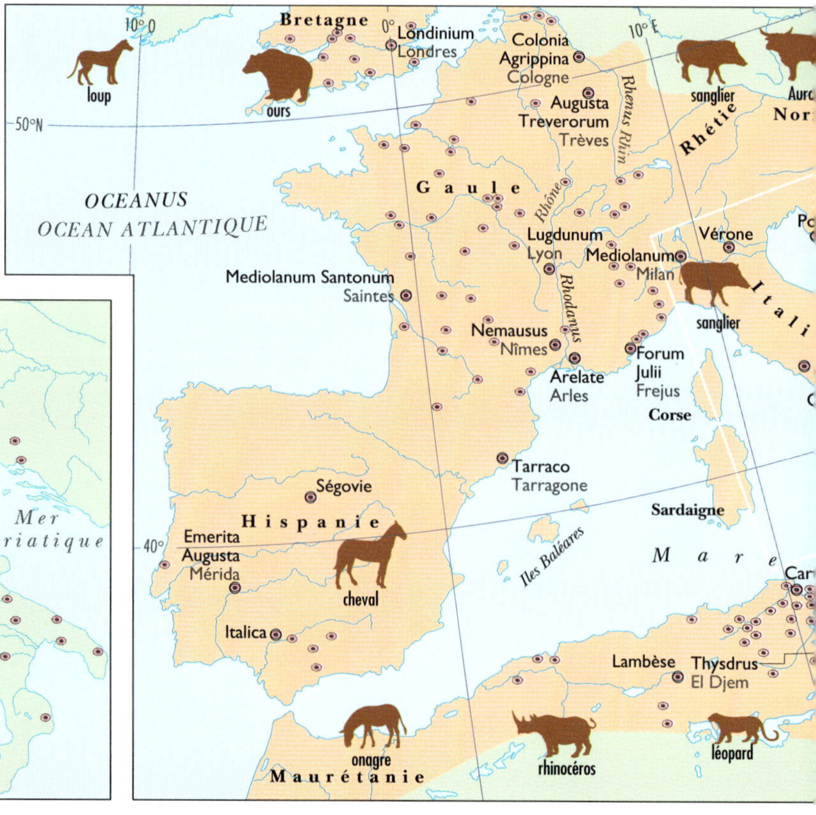

Lions, ours, léopards, loups et même autruches étaient capturés, puis envoyés à Rome pour les jeux. Certains affrontaient des prisonniers désarmés, d'autres étaient utilisés lors de chasses mises en scène dans un faux décor comportant de véritables arbres. Cette mosaïque de Moknine (Tunisie) montre un léopard mis à mort dans l'arène, tandis qu'est apporté le salaire de l'acteur.

La plus grande des arènes était le Colisée à Rome. Entrepris par l'empereur Vespasien (69-79) et achevé par son fils Titus (79-81) en 80. Il pouvait contenir jusqu'à 50 000 spectateurs. Les 76 entrées et 160 couloirs permettaient aux spectateurs de trouver un siège en dix minutes et les tribunes étaient couvertes d'une bâche en toile modulable.

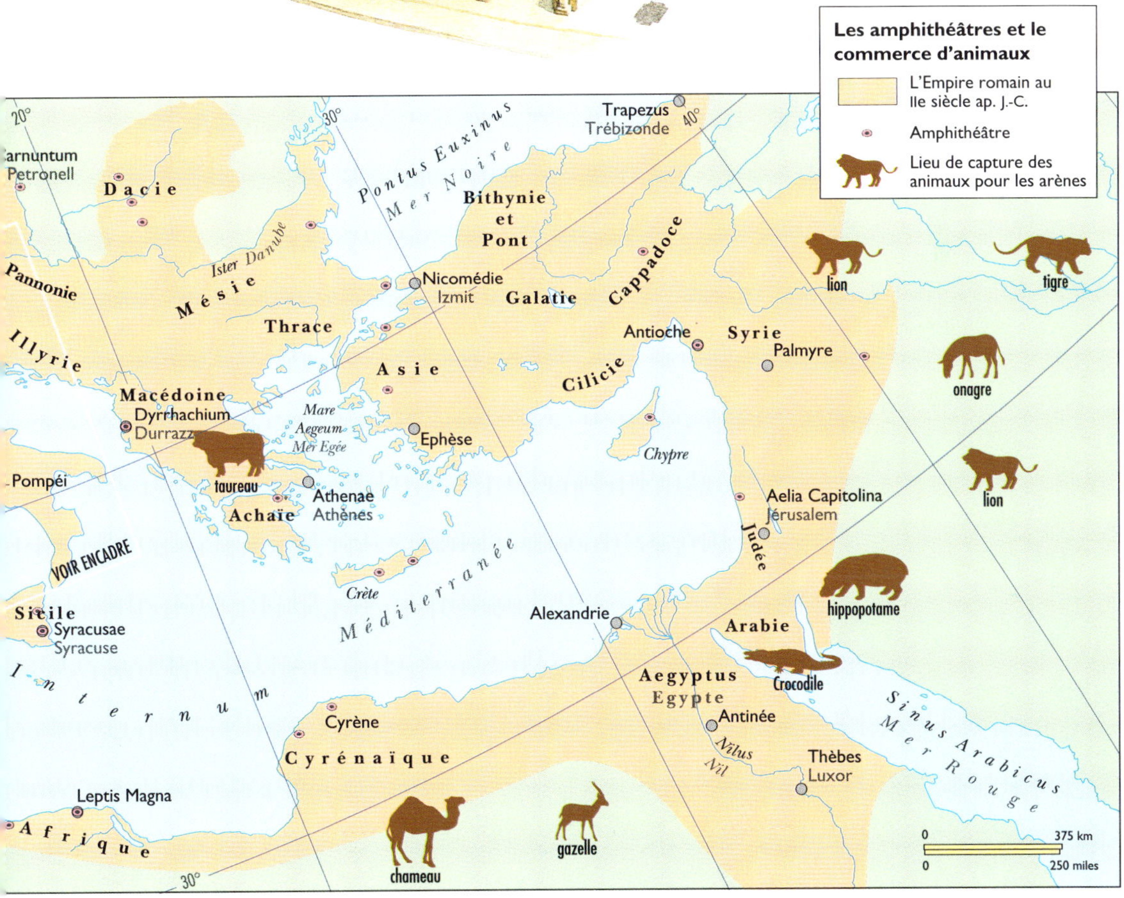

L'Espagne romaine

La péninsule ibérique est l'une des régions les plus prospères de l'Empire romain, avec de grandes villes et un actif commerce d'exportation.

Des récipients en terre cuite (amphores) servant au transport du vin, de l'huile d'olive et de la sauce de poisson espagnole ont été retrouvés sur tout le pourtour de la Méditerranée. Ils constituent un des principaux éléments des dépotoires en bordure de mer près de Rome. Certains récipients, portant la marque du fabricant (illustration), ont été retrouvés jusqu'à Wroxeter (Grande-Bretagne) et Heddernheim (Allemagne).

La péninsule ibérique est divisée en trois provinces : la Lusitanie à l'ouest, la Bétique au sud, et la Tarraconaise au nord-est. La conquête romaine prend plusieurs siècles : elle commence en 206 av. J.-C. avec la prise des possessions carthaginoises du sud *(voir p. 24-25)* et s'achève en 19 ap. J.-C. avec l'écrasement de la dernière résistance dans le nord-ouest. A cette époque, le sud de l'Espagne est entièrement romanisé. Un réseau de routes relie villes et cités, traversant les grands fleuves par de beaux ponts de pierre comme celui qui enjambe le Tage à Alcantara.

Plusieurs cités ibériques dont Emerita Augusta (Mérida), Cordoba (Cordoue), Hispalis (Séville) et Carthago Nova (Carthagène) peuvent faire figure de « capitales de province », tant elles ont intégré les aspects de la vie urbaine romaine : à Mérida, le théâtre avec son avant-scène (*frons scenae*) en portique a survécu et accueille encore des représentations théâtrales.

A la fin du Ier siècle l'Espagne est le pays du premier empereur romain d'origine provinciale, Trajan, né sans doute à Italica (proche de l'actuelle Séville). Le successeur de Trajan, Hadrien, sera également d'origine espagnole. La fortune des familles comme celles d'Hadrien et Trajan repose sur l'agriculture en Espagne du Sud, et surtout sur l'exportation de vin et d'huile d'olive. L'Espagne romaine exporte une sauce de poisson fermentée fort prisée, le *garum*, produite dans des fabriques le long de la côte sud ; mais sa ressource principale est le métal : l'or dans le nord-ouest, l'argent et le cuivre dans le sud-ouest. Dans le Rio Tinto, on a retrouvé les vestiges de pompes à piston et à roue hydraulique servant à drainer les chantiers les plus profonds, exemple frappant du savoir-faire des Romains en matière d'énergie hydraulique.

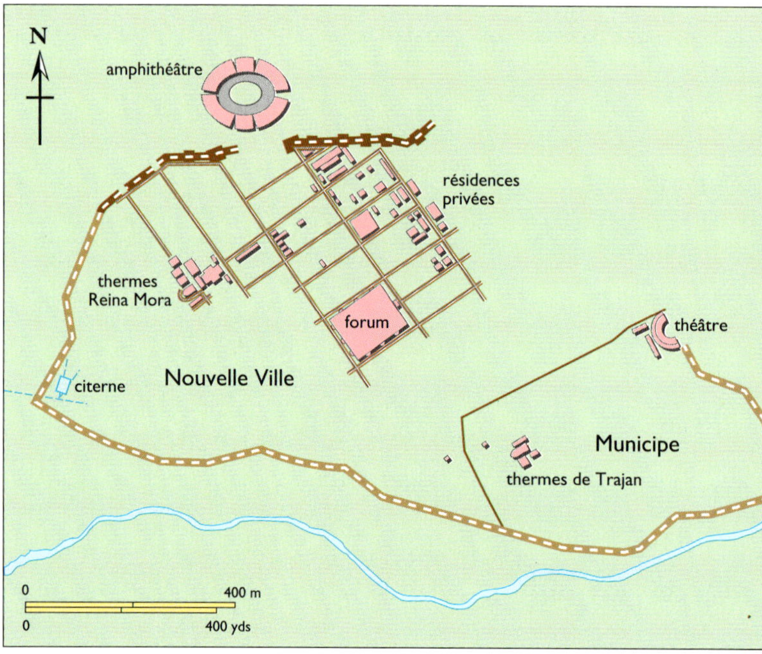

2/ Italica, ville romaine
Italica fut la première communauté à rassembler des citoyens romains en Espagne. Elle fut fondée au IIIe siècle av. J.-C. par Scipion l'Africain pour les vétérans des guerres Puniques. Elle fut longtemps éclipsée par sa voisine Hispalis (Séville), mais elle se targua d'avoir été le lieu de naissance de l'empereur Trajan. Lorsque Hadrien parcourut l'Espagne en 122, il embellit la ville en faisant bâtir un quartier neuf aux côtés de l'ancien municipe, ainsi qu'un forum monumental et un amphithéâtre pouvant accueillir 25 000 spectateurs. Ces travaux donnèrent à la ville une aura nouvelle (on construisit aussi d'élégantes résidences pavées de mosaïques) mais quelque peu artificielle. Aussi l'importance d'Italica s'évanouit-elle dès le siècle suivant.

I/ L'Espagne romaine au IIe siècle ap. J.-C.

- Limite d'une province
- Capitale de province
- Siège du conseil provincial
- Base légionnaire
- Autre centre
- Route romaine
- CUIVRE Ressources naturelles
- Frontière actuelle

Le pont de l'aqueduc de Ségovie fut sans doute construit sous le règne de Trajan. Les grandes arches qui surplombent la ville sur 39 mètres ne sont que l'extrémité d'une conduite d'eau qui prend sa source dans les collines, à 16 km en amont.

La protection des frontières

La paix et la prospérité de l'Empire dépendent de la défense de ses frontières, gardées par des forts, des tours de guet et des remparts.

Jusqu'au milieu du IIIe siècle, Rome n'a pas d'effectifs militaires mobiles en réserve : ses unités militaires sont toutes réparties dans des camps le long de la frontière. La défense de ces frontières garantit aux provinces la sécurité intérieure, condition de la prospérité économique et du paiement des impôts prévus par la Trésorerie impériale. Dès lors, il n'est pas surprenant que le maintien et le renforcement des frontières soient un des principaux soucis du pouvoir central. Cette volonté se concrétise avec la construction d'une chaîne de forts et de tours de guet reliés par une route destinée au déploiement rapide des troupes militaires. Sous Hadrien (117-138), les zones sensibles de la frontière commencent à être fortifiées par l'édification d'un rempart continu. Le plus célèbre et le plus ingénieux est le mur d'Hadrien, mur de pierre long de 112 km, qui s'étend de l'embouchure du Tyne jusqu'à l'estuaire de Solway. Ce mur se prolonge le long de la côte, jalonné de forts et de tours de guet. Sa partie centrale parcourt un terrain accidenté, où l'on peut encore voir des pans entiers du mur, des forts, des casemates et des tourelles.

Sur le continent européen, une telle construction n'est généralement pas nécessaire puisque la frontière suit les barrières naturelles du Rhin et du Danube.

Un tronçon du mur d'Hadrien. Au premier plan, une tourelle, sans doute utilisée pour l'observation et la défense. La superstructure de bois est inspirée des tourelles dépeintes sur la colonne de Trajan à Rome. Plus loin, on voit une casemate, poste de défense plus important incluant des baraquements. Deux tourelles séparaient chaque casemate.

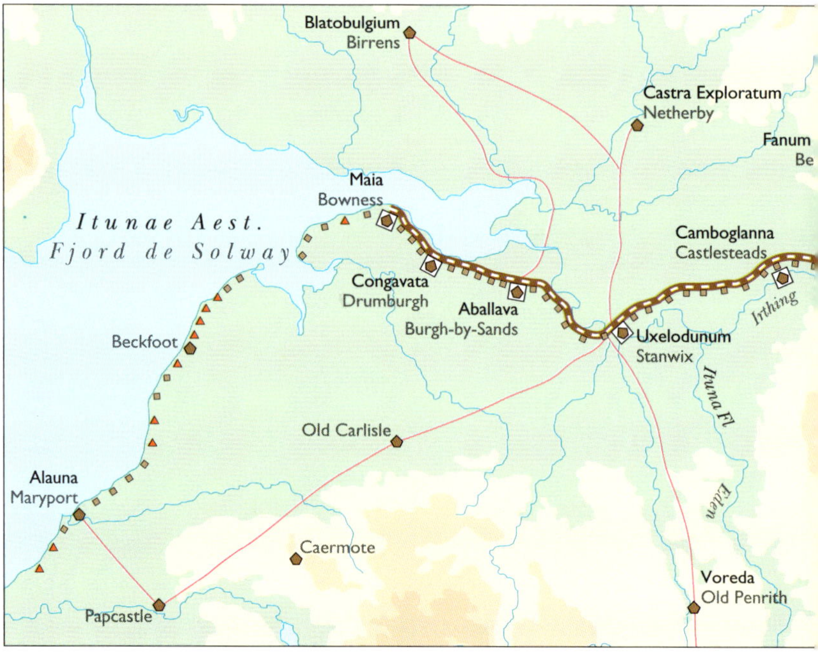

Des forts, des camps et des tours de guet sont construits sur les berges, et de puissantes fortifications frontalières sont bâties en amont des deux fleuves. A la fin de l'Empire apparaissent de nouvelles défenses, surtout le long du Danube qui subit les pressions du Nord. Ces défenses comprennent une série de terrassements frontaliers dont Devil's Dykes et Brazda Lui, Novac du Nord, construits sous Constantin (306-307) et destinés à protéger des Goths les peuples soumis au-delà du Danube.

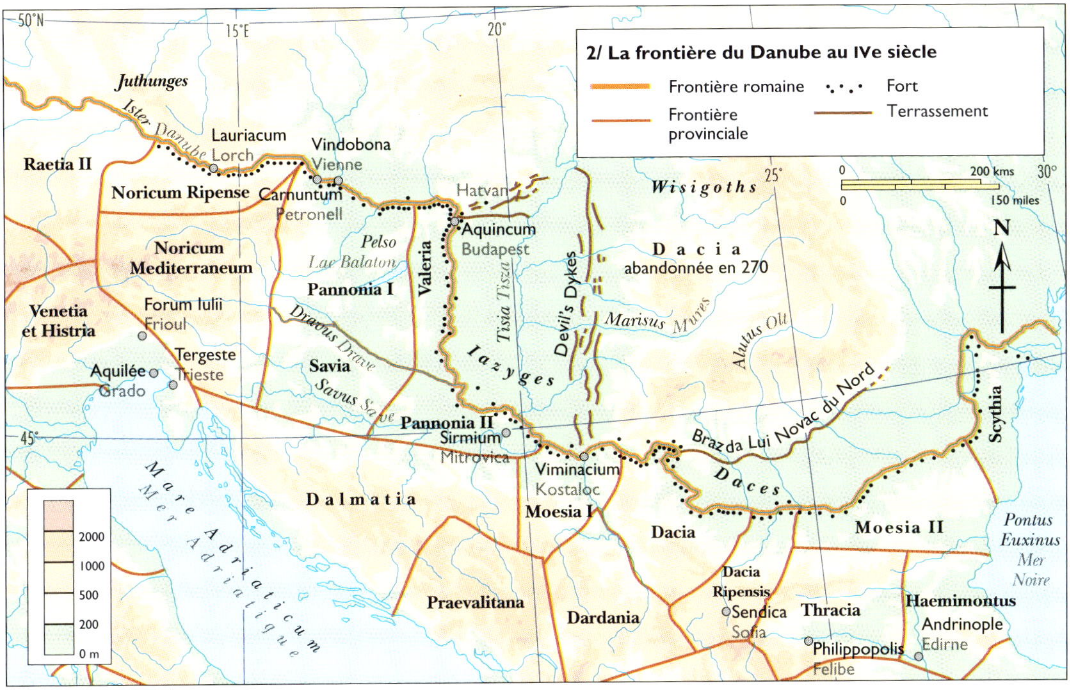

2/ La frontière du Danube au IVe siècle

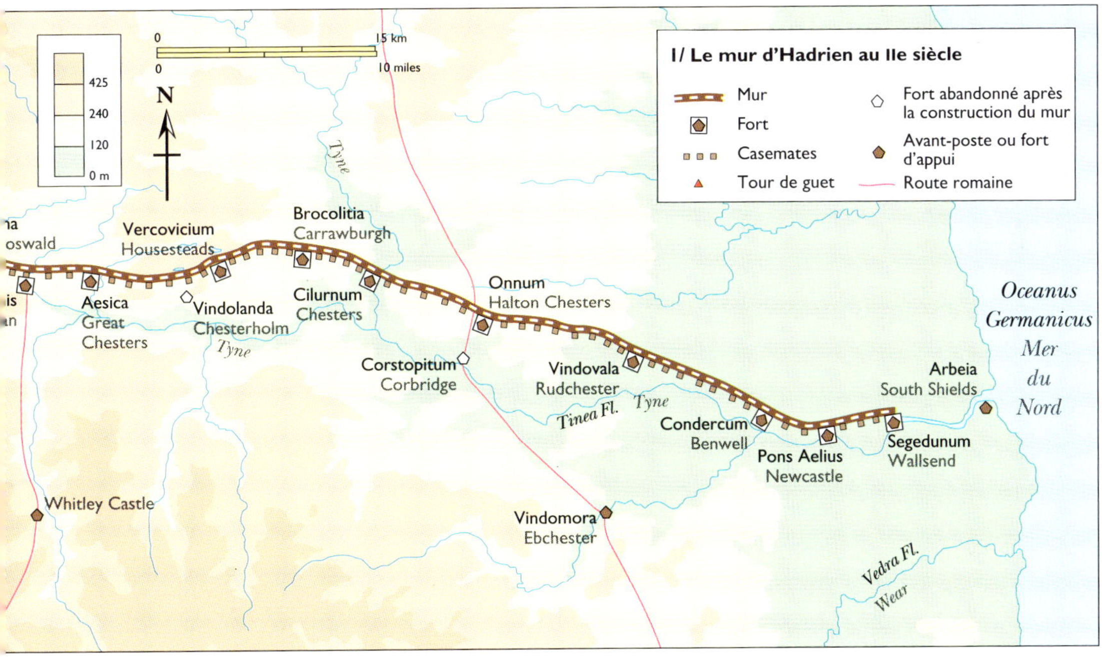

1/ Le mur d'Hadrien au IIe siècle

IV Un siècle troublé

Pendant le siècle qui suivit la mort de Commode, des revers de fortune d'une extraordinaire ampleur ponctuèrent l'histoire romaine. Un déclin de l'autorité du gouvernement succéda à la rigueur des premiers Sévères. Aux frontières de l'Empire apparurent des ennemis plus puissants, et cette menace sur la stabilité et la sécurité de l'Empire provoqua une crise qui devait durer jusqu'au milieu du IIIe siècle. Divisé par des rivalités internes et assailli par des ennemis étrangers, l'Empire se fragmenta en une pluralité de pouvoirs locaux. Un moment, tout sembla perdu : l'Empire romain paraissait proche de sa fin. Mais le savoir-faire militaire de quelques empereurs successifs restaura le pouvoir dans les années 270, préparant ainsi le terrain de la grande réorganisation entreprise par Dioclétien après son accession au pouvoir en 284.

Le meurtre de Commode, le 31 décembre 192, mit un terme à la période antonine. Bien que Commode n'eût pas la faveur du Sénat ni de la garde prétorienne, sa mort ne fut pas suivie tout de suite d'un retour au calme. Les assassins, avec l'appui du Sénat, élirent le vieux Pertinax pour lui succéder. Homme d'Etat respectable, chef militaire distingué, il n'avait pas le soutien des prétoriens et fut assassiné en mars 193 par une partie d'entre eux. Jamais les prétoriens ne devaient retrouver à Rome une telle autorité. Ils donnèrent le pouvoir moyennant finance au plus offrant, Didius Julianus, un homme richissime mais incompétent. Les provinces et les légions frontalières ne tardèrent pas à proposer leur propre candidat : Pescennius Niger à l'est, Clodius Albinus en Bretagne, Septime Sévère sur le Danube. Ce dernier finit par l'emporter car il était plus audacieux et plus impitoyable que ses adversaires. Il marcha sur Rome et se débarrassa sans peine de Pescennius Niger et Clodius Albinus. Ce ne fut qu'en 197, quatre ans après la mort de Commode, que Sévère put exercer une autorité incontestée sur la totalité de l'Empire.

La dynastie des Sévères régna sur Rome pendant plus de quarante ans, à l'exception d'une brève période. Ce fut une nouvelle étape du renforcement du rôle des provinciaux, surtout dans les provinces africaines et orientales. Sévère lui-même était né à Leptis Magna, en Cyrénaïque (actuelle Libye). Son rival Clodius Albinus était né à Hadrumatum (Sousse, en Tunisie actuelle). A cette époque, une grande partie des sénateurs romains était d'origine africaine. La plupart soutinrent Albinus plutôt que Sévère : aussi, après sa victoire, celui-ci se débarrassa de vingt-neufs sénateurs. Les origines africaines de Sévère pouvaient être devinée à son accent, qu'il garda toujours.

Au sang africain s'ajoutait une influence syrienne : Sévère avait épousé Julia Domna, la fille du grand prêtre du dieu Soleil Elagabal à Emesa (l'actuelle Homs). Caracalla (211-217), fils et successeur de Sévère, était donc mi-africain mi-syrien. Il eut à son tour pour successeur, après un bref intermède, les petits-fils de la sœur de sa mère : Marcus Aurelius (Elagabal) et Sévère Alexandre, tous deux Syriens.

L'empereur Septime Sévère (règne 193-211) avec son épouse Julia Domna et leurs fils Caracalla et Géta. Sévère légua l'Empire à ses deux fils. Mais, en 212, Caracalla fit assassiner son frère. Il fit aussi tuer des milliers de partisans de Géta, fracasser ses statues et défigurer ses portraits – dont celui-ci.

L'Empire sous les Sévères

Septime Sévère compta beaucoup sur le soutien de l'armée pour obtenir le pouvoir et pour le garder. Il fut particulièrement attentif aux questions militaires : il mena plusieurs guerres, créa de nouvelles légions, et il améliora la solde des soldats et leurs conditions de vie, pour la première fois depuis Domitien, un siècle et demi plus tôt. Les légionnaires eurent le droit de se marier et de vivre avec leurs épouses et familles dans des logements civils situés à l'extérieur du camp.

Sévère combattit principalement les ennemis étrangers en Bretagne et dans l'Est. Il mena deux campagnes différentes contre les Parthes en 195 et en 197-198, et créa deux nouvelles provinces impériales, la Mésopotamie et l'Osroène, dans les régions parthes au-delà de l'Euphrate. La guerre de Bretagne eut lieu à la fin du règne : ce n'était rien moins qu'une tentative de ressusciter le plan de conquête de l'Ecosse. Cette guerre ne peut pas être considérée comme relevant d'une nécessité stratégique, pas plus que les guerres contre les Parthes ; mais ces deux conflits apportèrent gloire et richesse à l'armée. On pense aujourd'hui que la guerre en Bretagne avait pour objectif d'éloigner les terribles fils de Sévère de la politique intérieure de Rome.

Une autre région où Septime Sévère entreprit de grandes expéditions fut l'Afrique du Nord, son pays natal. Leptis Magna se vit gratifiée d'un ensemble d'édifices publics impressionnants, comme il convenait au lieu de naissance de l'empereur. Sévère fit campagne contre les nomades du désert et ordonna la construction d'un nouveau système de routes et de forts qui repoussa la frontière vers le sud. Il créa aussi la nouvelle province de Numidie. L'importance de l'Afrique s'accrut bien au-delà de ses liens étroits avec la famille impériale. Elle fut l'une des provinces les plus prospères de l'Empire, produisant grâce à de vastes oliveraies de considérables quantités d'huile, et continuant à pourvoir en blé la ville de Rome. L'essor économique des provinces africaines se manifeste par de grandes constructions aux IIe et IIIe siècles, comme l'amphithéâtre d'El Djem.

En Italie au contraire, l'époque des Sévères se caractérisa par un constant déclin économique. Dans le domaine politique, les Italiens perdirent progressivement leur influence tandis que les provinciaux accédaient aux postes clefs. L'influence du Sénat diminua au profit des membres de l'ordre équestre (dont beaucoup étaient aussi riches que les sénateurs, mais restaient extérieurs à la « classe politique ») qui obtinrent les charges les plus importantes.

La réalité du pouvoir apparut lorsque Sévère plaça l'une de ses trois légions en Italie, comme si celle-ci n'était qu'une province parmi les autres. Cette légion stationnait à Albanum, à une trentaine de kilomètres de Rome, preuve tangible de l'autorité de l'empereur sur le Sénat et la capitale.

La garde prétorienne, dépeinte ici sur un bas-relief romain, était le corps d'élite des gardes impériaux. Son pouvoir culmina en 193 lorsque, après avoir assassiné l'empereur Pertinax, elle mit l'Empire aux enchères.

Toutefois, Rome elle-même n'était pas négligée par les Sévères et demeurait la résidence impériale. Sévère ajouta une aile au palais du Palatin, fit construire un arc de triomphe sur le Forum, et on pense qu'il commença la construction des thermes auxquels son fils Caracalla laissa son nom. Les derniers Sévères menèrent aussi des travaux de construction à Rome : Elagabal fit édifier sur le Palatin un immense temple dédié au dieu Soleil.

Septime Sévère était originaire de Leptis Magna, en Tripolitaine, région très prospère. Elle tirait sa richesse des récoltes agricoles de ses fermes (villas) et de leurs domaines. Cette villa, située à Utique en Byzacène (l'actuelle Tunisie), compte parmi les mieux préservées du monde romain antique.

La dynastie des Sévères

Septime Sévère mourut à York en 211. Ses fils Marcus Antoninus (dit Caracalla, d'après son style favori de manteau) et Géta lui succédèrent. Ils se brouillèrent sans cesse, et furent bientôt à la tête de deux puissantes factions à Rome ; Caracalla fut vainqueur : il fit assassiner Géta quelques mois seulement après le début de leur gouvernement commun. Il passa le reste de son règne à voyager dans les provinces orientales. La mauvaise réputation que lui avait value le meurtre de son frère fut renforcée par l'inexplicable massacre des jeunes habitants mâles d'Alexandrie lors de sa visite en 215. Comme son père, il augmenta la solde des soldats, dont il dépendait, et organisa une grande guerre contre les Parthes. La première expédition fut un succès total, mais l'année suivante, les Parthes s'étaient préparés à une grande contre-offensive. Caracalla mourut avant d'affronter cette menace : il périt de la main d'un de ses gardes du corps, qu'il avait personnellement offensé, au printemps 217.

Il laissait deux grands monuments, l'un concret, l'autre constitutionnel : d'abord les immenses thermes de Caracalla, inaugurés en 216, puis agrandis

Dougga, située dans l'actuelle Tunisie, était l'une des plus grandes cités romaines d'Afrique du Nord. Ses imposants édifices publics comprenaient le capitole (un temple dédié à la triade capitoline : les divinités Jupiter, Junon et Minerve). Il fut dédié en 166 ap. J.-C. ; le fronton sculpté représente l'apothéose de l'empereur Antonin le Pieux, mort cinq ans plus tôt.

dans les années 220 ; ensuite, la réforme constitutionnelle de 212 qui accorda la citoyenneté à tous les hommes libres de l'Empire. Cette réforme n'était pas si radicale qu'il y paraît. De nombreux provinciaux possédaient déjà la citoyenneté grâce aux empereurs précédents. La loi, certes, annula la distinction juridique entre Italiens et non-Italiens, mais le vrai clivage était désormais entre *humiliores* et *honestiores*.

A Caracalla succéda un autre empereur africain : Macrin, un Maure qui avait fait des études de droit avant de s'engager dans l'armée, dans l'espoir de mieux y réussir. Il fut le premier empereur non sénateur, mais ne régna pas longtemps. Il ne réussit pas à arrêter la contre-attaque des Parthes en 217, et dut accepter une paix humiliante. Au début de l'année suivante, les légions syriennes remirent les Sévères sur le trône en la personne du neveu de Caracalla, Elagabal. Il n'avait que quatorze ans à l'époque et le vrai pouvoir appartenait à sa mère et à sa grand-mère, toutes deux princesses syriennes ; la seconde était la sœur de l'impératrice Julia Domna, épouse de Septime Sévère. Tandis qu'elles exerçaient le pouvoir avec l'appui des hauts fonctionnaires, Elagabal se consacrait à sa fonction de grand prêtre héréditaire du dieu Soleil d'Emesa. La pierre noire sacrée d'Emesa, symbolisant le dieu, fut ramenée à Rome et installée dans un temple sur le Palatin. Elagabal se livra à une série de rites exotiques et à d'étranges pratiques sexuelles au service de son dieu. Lorsque tout cela devint embarrassant au point de menacer le régime, il fut liquidé et remplacé par son cousin, plus honorable quoique très jeune, Sévère Alexandre.

Ce fut pendant le règne de ce dernier qu'apparurent les premiers signes des grandes pressions extérieures qui devaient mettre l'Empire pour ainsi dire à genoux pendant les décennies suivantes. Parmi ces événements, l'un des plus importants fut l'établissement d'un nouveau pouvoir sur la frontière orientale. Depuis les derniers siècles avant J.-C. le Proche-Orient non romain avait subi la domination des Parthes. En 226 ap. J.-C., le dernier roi parthe, Artaban V, fut renversé par un de ses vassaux, le gouverneur perse Ardashir. Au VIe siècle av. J.-C., les Perses avaient conquis les rives de la Méditerranée orientale, y compris l'Asie Mineure et l'Egypte : Ardashir, par bravade, revendiquait désormais ces anciens territoires. En 230, il envahit le territoire romain, contraignant le pacifique Sévère Alexandre à une contre-attaque massive. L'élan d'Ardashir fut freiné, sans toutefois qu'aucune grande victoire ait été remportée. Lorsque deux ans plus tard, en 235, Sévère Alexandre préféra un compromis avec les Germains sur la frontière rhénane plutôt qu'un combat, ses soldats ne purent en accepter davantage et assassinèrent Alexandre et sa mère, puis nommèrent empereur leur propre chef, Maximin le Thrace.

La dérive vers la crise

L'armée avait toujours été un enjeu dans la conquête du pouvoir impérial, mais la politique des Sévères et leur rejet de l'autorité sénatoriale avaient rendu l'empereur plus dépendant encore de l'armée. Ce lien se renforça au cours du IIIe siècle, quand la menace d'une invasion étrangère fit du contrôle des forces militaires la clef d'un règne réussi. L'Empire romain était maintenant clairement sur la défensive. Les empereurs incapables trouvaient une mort rapide et violente.

La dérive vers l'autocratie militaire est bien représentée par Maximin, successeur de Sévère Alexandre. Il n'était ni sénateur, ni chevalier, mais simple soldat. Face à la menace d'une invasion des Germains, il passa l'essentiel de son règne sur la frontière du Rhin et du Danube sans se soucier de Rome. Sa place était avec l'armée, et non à faire la cour aux politiciens de la capitale. Son unique visite en Italie en tant qu'empereur eut lieu vers la fin de son règne, après que le Sénat eut désigné deux de ses membres comme candidats au pouvoir. Il n'atteignit pas Rome, mais fut assassiné alors qu'il assiégeait la ville rebelle d'Aquilée (au nord de l'Adriatique) en avril 238.

Les empereurs qui gouvernèrent Rome ensuite, de Philippe l'Arabe (244-249) à Gallien (253-268), furent confrontés à une crise qui s'intensifiait. Au conflit militaire s'ajoutait la nécessité de défendre plusieurs frontières simultanément. A l'ouest, une confédération germanique, les Alamans, menaçait le Rhin et le Haut-Danube. Sur le Bas-Danube, les ennemis principaux étaient les Goths, autre peuple germanique installé depuis peu en Ukraine. A l'est, les Perses, menés par un nouveau chef particulièrement agressif, Shapur Ier, lancèrent des invasions sporadiques de la Syrie et des provinces voisines. Le point extrême fut atteint en 260, lorsque l'empereur Valérien fut capturé par les Perses et finit sa vie en prison. Incapable désormais de contrôler l'Est, son fils Gallien dut s'appuyer sur les gouverneurs de Palmyre, qui profitèrent de leur situation pour fonder un Etat quasi indépendant.

Contre toute attente, l'Empire fut lentement rétabli grâce aux règnes

L'effondrement économique qui se produisit vers le milieu du IIIe siècle fit proliférer les imitations des monnaies officielles dans les provinces occidentales. L'intention n'était pas frauduleuse – beaucoup étaient bien moins grandes que le prototype romain ; elles étaient sans doute le résultat d'initiatives locales visant à produire la petite monnaie nécessaire aux transactions quotidiennes, que l'Etat ne voulait ou ne pouvait pas frapper.

successifs d'empereurs soldats, originaires des Balkans, les empereurs illyriens. Claude II (268-270) vainquit les Goths. Aurélien (270-275) supprima les royaumes séparatistes de Palmyre et de Gaule et reforma l'unité de l'Empire. Carus (282-283) redressa la situation face aux Perses en envahissant la Mésopotamie et en pillant la grande ville de Ctésiphon. L'Empire n'en ressortit pas sans blessures. De vastes territoires subirent les dégâts de l'invasion et une partie de l'économie s'effondra.

Saints et martyrs

La chrétienté n'était pas une religion nouvelle au IIIe siècle, mais c'est à cette époque qu'elle pesa le plus sur les affaires publiques. La première grande persécution fut ordonnée par l'empereur Dèce en 250. Les chrétiens (ainsi que les Juifs) s'attiraient l'hostilité publique parce qu'ils refusaient d'accomplir les sacrifices païens traditionnels offerts pour la bonne santé de l'Empire et de l'empereur. Mais si les croyances juives étaient tolérées, les chrétiens étaient persécutés, officiellement pour athéisme. Nous connaissons, à partir du IIIe siècle, de célèbres martyres qui eurent lieu en public : la jeune esclave Blandine et ses compagnons, martyrisés dans l'amphithéâtre de Lyon en 177 ; Félicie et Perpétue à Carthage en 203, pour célébrer l'anniversaire de Géta, le fils de Sévère. La persécution de 250 fut toutefois d'une tout autre ampleur ; elle fut suivie en 257 d'un second édit impérial qui interdisait aux chrétiens toute forme de culte public et d'un troisième en 258 qui visait directement les dirigeants ecclésiastiques et les biens de l'Eglise.

Malgré ces persécutions (menées avec plus ou moins d'intensité selon les provinces), le christianisme continuait d'attirer de nouveaux convertis et la mort des martyrs, quoiqu'elle eût aussi un effet dissuasif, leur conférait un certain éclat héroïque. Les persécutions furent suspendues en 260, preuve

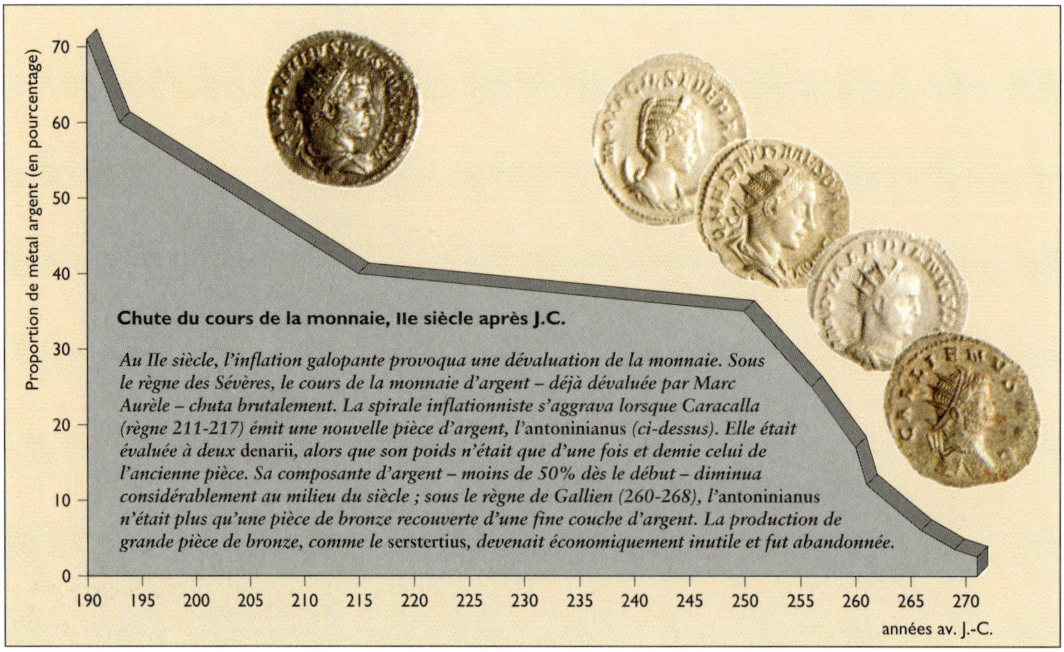

Chute du cours de la monnaie, IIe siècle après J.C.

*Au IIe siècle, l'inflation galopante provoqua une dévaluation de la monnaie. Sous le règne des Sévères, le cours de la monnaie d'argent – déjà dévaluée par Marc Aurèle – chuta brutalement. La spirale inflationniste s'aggrava lorsque Caracalla (règne 211-217) émit une nouvelle pièce d'argent, l'*antoninianus *(ci-dessus). Elle était évaluée à deux* denarii, *alors que son poids n'était que d'une fois et demie celui de l'ancienne pièce. Sa composante d'argent – moins de 50% dès le début – diminua considérablement au milieu du siècle ; sous le règne de Gallien (260-268), l'*antoninianus *n'était plus qu'une pièce de bronze recouverte d'une fine couche d'argent. La production de grande pièce de bronze, comme le* serstertius, *devenait économiquement inutile et fut abandonnée.*

que les autorités reconnaissaient leur échec, et les chrétiens furent laissés en paix pendant quarante ans.

Le christianisme avait désormais un statut supérieur à celui d'un simple culte oriental ; mais il ne constituait pas moins une minorité religieuse dans l'Empire. Les tentatives pour l'éradiquer furent âpres et violentes – prison, torture et mise à mort –, mais on doit les replacer dans le contexte de crise propre au IIIe siècle. Le christianisme pouvait facilement apparaître comme une nouvelle force de division dans un royaume où les empereurs se battaient désespérément pour maintenir l'unité. Peu auraient pu prévoir qu'un siècle plus tard il deviendrait la religion officielle de l'Etat.

Portchester Castle, près de Portsmouth, est le mieux préservé des forts côtiers échelonnés le long des deux rives de la Manche à la fin du IIIe siècle et au début du IVe siècle. Les tours rondes et saillantes sont caractéristiques de l'architecture militaire romaine. Au IVe siècle, ces forts furent placés sous le commandement d'un officier unique, le comes litoris saxonici *(comte du rivage saxon), dont la tâche consistait à protéger la Bretagne orientale contre les pirates saxons.*

L'année des six empereurs

Le vainqueur des guerres civiles de 193-197, Septime Sévère (règne 193-211). Né à Leptis Magna, en Afrique du Nord, il était préfet de Haute-Pannonie lorsque ses troupes le proclamèrent empereur. Ce portrait figure sur un sesterce frappé pendant son règne.

L'assassinat de Commode fait voler en éclats la stabilité politique et précipite l'Empire dans la guerre civile.

Les excentricités meurtrières de l'empereur Commode (180-192) le discréditent auprès de l'aristocratie et des hauts fonctionnaires de la cour : l'empereur est assassiné le dernier jour de l'an 192. Son successeur, le préfet de Rome Pertinax, est assassiné à son tour trois mois plus tard. Un riche sénateur, Didius Julianus, obtient le pouvoir des prétoriens contre une importante somme d'argent. Les chefs des armées frontalières refusent de reconnaître son autorité : en avril 193, deux empereurs rivaux sont proclamés, Pescennius Niger en Orient, et Septime Sévère sur le Danube. Sévère marche bientôt sur Rome et renverse Julianus. Après un temps nécessaire à régler les affaires de Rome, il repart pour l'est. Son armée franchit la mer de Marmara et bat Niger à Cyzique et Nicée. Puis elle continue sa marche à travers l'Asie Mineure et écrase Niger lors d'un ultime combat à Issus, le lieu même où Alexandre le Grand, cinq cents ans plus tôt, avait vaincu les Perses.

Niger fuit à Antioche, où il est fait prisonnier et exécuté. Pendant quelques mois, Sévère consolide ses positions dans les provinces orientales et mène une brève campagne contre les Parthes *(voir p. 98-99)*. Avant de retourner à Rome, il affronte un nouveau rival : Clodius Albinus, gouverneur de Bretagne. Albinus et Sévère concluent une alliance en 193, mais ils entrent en désaccord à la fin de l'année 195 et se déclarent la guerre en 196. Albinus, à la tête de l'armée bretonne, ne réussit pas à renverser les légions germaines aguerries. Sévère le soumet près de Lyon en février 197, au terme de quatre ans de guerre civile.

Les événements de 193

31 décembre 192 : Assassinat de Commode.
1er janvier 193 : La garde prétorienne proclame empereur le préfet de Rome, Publius Helvius Pertinax. Ce choix est ratifié par le Sénat.
28 mars : Pertinax, contraint de mener une politique économique impopulaire, est assassiné par les prétoriens. Didius Julianus, un riche sénateur, est proclamé empereur contre 25 000 sesterces offerts à chaque prétorien.
Avril-mai : G. Pescennius Niger, légat de Syrie, et Publius Septime Sévère, légat de Pannonie, sont tous les deux proclamés empereurs par leurs troupes. Sévère marche sur Rome. Le Sénat condamne Julianus et ratifie la nomination de Sévère.
2 juin : Exécution de Didius Julianus.
10 juin : Septime Sévère entre dans Rome à la tête de ses troupes.

Profils des prédécesseurs et des rivaux de Sévère sur des pièces d'argent. A partir du haut : Publius Helvius Pertinax, Marcus Didius Julianus et Caius Pescennius Niger.

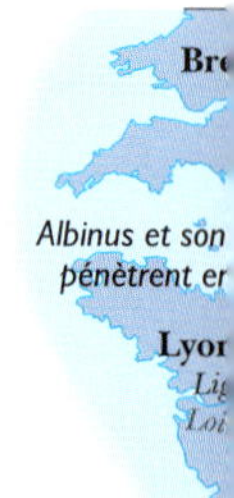

Clodius Albinus (ci-dessous) *fut le rival le plus sérieux de Sévère. Celui-ci lui accorda en 193 le titre de César, mais lorsque Albinus fut proclamé Auguste par ses troupes en 195, la guerre entre les deux empereurs devint inévitable. Albinus installa son gouvernement à Lyon, capitale de la Gaule lyonnaise, et l'une des plus grandes villes de l'Occident romain* (à droite, son théâtre)*. Après sa défaite devant Sévère aux portes de la ville en 197, Albinus se suicida.*

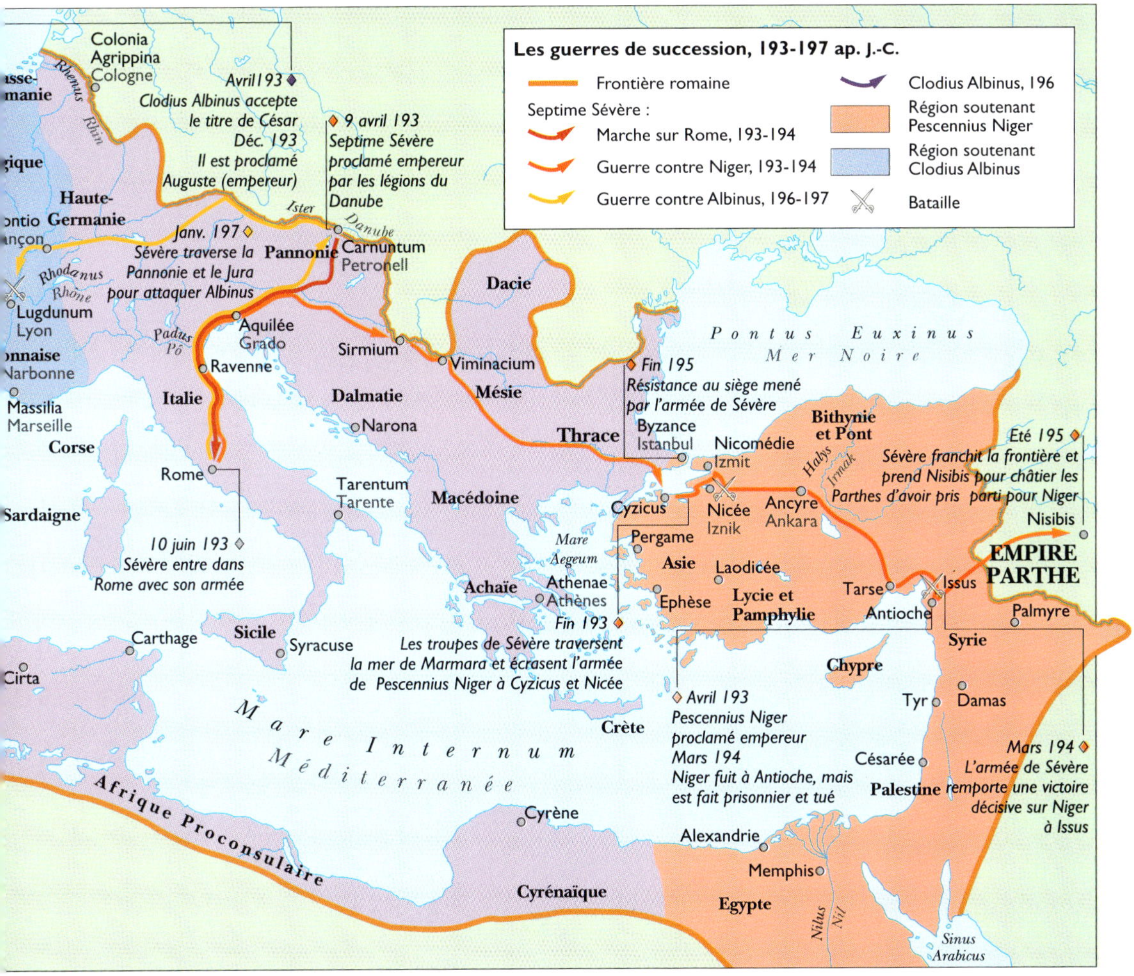

Les guerres contre les Parthes

Buste contemporain de Caracalla (règne 211-217). A la mort de Septime Sévère, Caracalla hérita du trône avec son frère Géta, qu'il fit assassiner un an plus tard. Sa réputation de cruauté fut renforcée par l'inexplicable massacre des jeunes gens d'Alexandrie au printemps 215.

Les luttes internes qui divisent les Parthes, rivaux de Rome à l'est, permettent aux empereurs Sévère et Caracalla d'étendre l'Empire.

La frontière orientale de l'Empire romain longe l'Empire parthe. Les Parthes ont pris le contrôle de l'Iran et de la Mésopotamie au cours des derniers siècles avant J.-C. Ils ont infligé au général romain Crassus une cuisante défaite à Carrhes en 53 av. J.-C. Ils ont aussi causé de lourdes pertes à l'armée de Marc Antoine lors de sa retraite, en 36 av. J.-C. Mais au IIe siècle ap. J.-C., l'Empire parthe se fragilise : Trajan envahit la Mésopotamie en 114 et contrôle pendant un temps l'ensemble du pays ; un demi-siècle plus tard, pendant le règne de Marc Aurèle et de Lucius Vérus, les Romains envahissent de nouveau la capitale parthe de la Mésopotamie, Ctésiphon, qu'ils mettent à sac.

Sous le règne de Septime Sévère (193-211), le Royaume parthe déchiré par des divisions politiques internes devient une proie facile. Sévère entreprend une rapide campagne en Mésopotamie du Nord, en 195, pour se venger du soutien des Parthes à son rival Pescennius Niger *(voir p. 96-97)*. Nisibis est fait prisonnier, et une nouvelle province romaine – l'Osroène – est créée.

Deux ans plus tard, Septime Sévère pille Ctésiphon pour la seconde fois en cinquante ans, et conquiert une nouvelle partie du territoire pour former la province romaine de Mésopotamie.

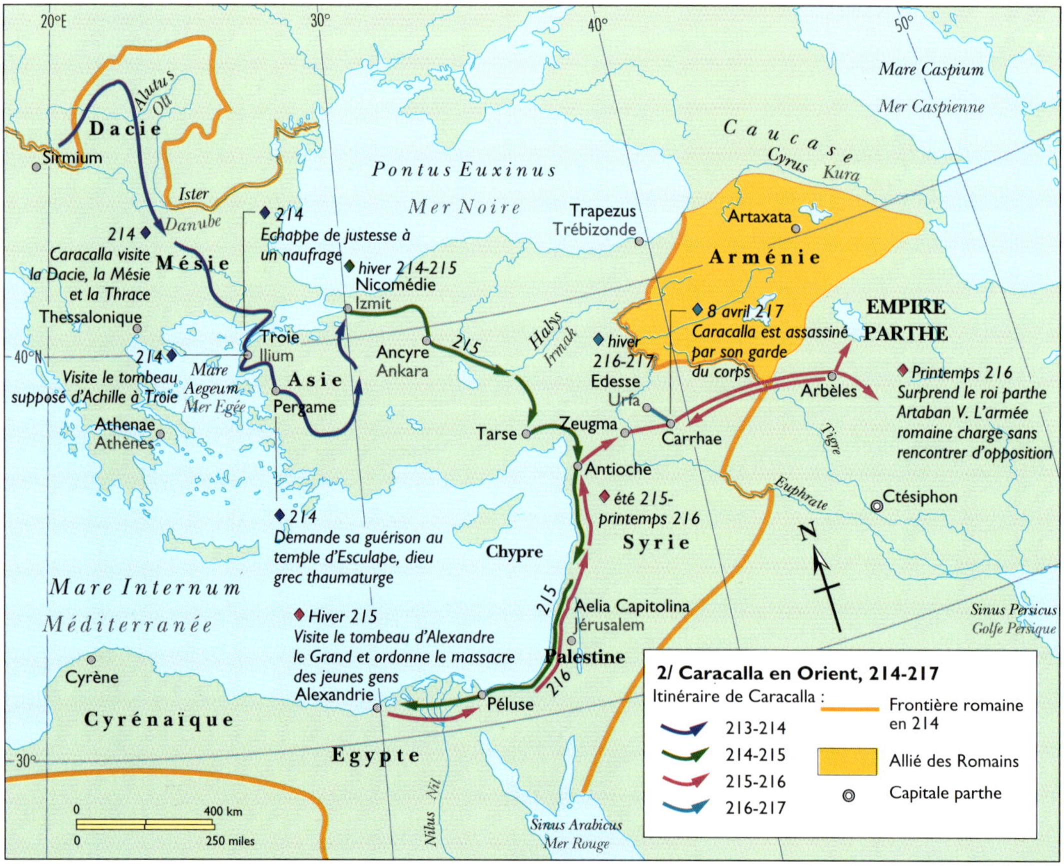

« [Sévère] mit des bateaux sur l'Euphrate et avança à la voile ou en marchant sur les rives du fleuve... Puis, au moment de prendre Ctésiphon, il permit aux soldats de piller la ville, il tua un grand nombre d'habitants et fit jusqu'à cent mille prisonniers. »
Dion Cassius, *Histoire romaine.*

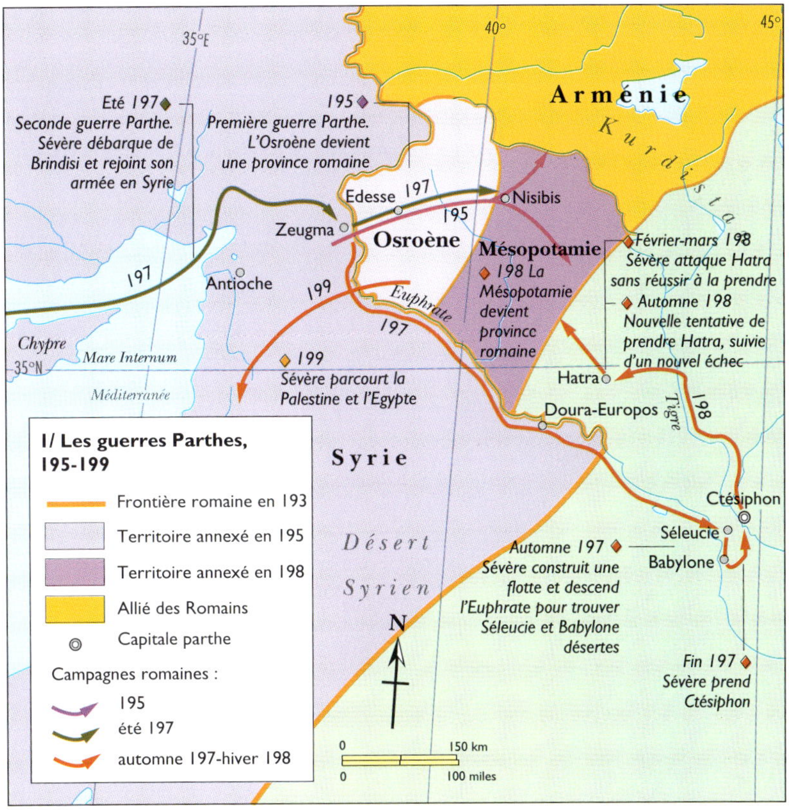

Le fils et successeur de Sévère, Caracalla (211-217), règne en voyageant dans les provinces orientales afin de poursuivre l'invasion du territoire parthe. En 216, il lance une attaque surprise à Arbela, en Médie, en amont du Tigre. Bien qu'affaiblis encore par des querelles de pouvoirs, les Parthes ripostent en 217 et négocient la paix avec les Romains. Caracalla a été assassiné quelque temps plus tôt sur la route menant d'Edesse à Carrhes.

Doura-Europos, sur la rive occidentale de l'Euphrate, fut prise en 165 par les Romains et devint une ville frontalière stratégique. La citadelle servait à la fois de refuge et de poste de contrôle du trafic fluvial.

Rome sous les Sévères

Fragment d'une carte gravée sur marbre montrant une partie de l'Aventin, avec les temples de Diane Cornificiana et de Minerve. Cette carte fut élaborée vers l'an 200 ap. J.-C. et montre la reconstruction du quartier autour du Forum Pacis endommagé par le feu quelques années auparavant. A l'origine, cette carte se trouvait sous un portique proche du temple de la Paix.

Capitale d'un empire, Rome est le lieu de grands travaux de constructions dans les trois premiers siècles après J.-C.

Parmi les spectaculaires constructions romaines se distinguent les nombreux thermes, comme ceux de Trajan, ou ceux de Caracalla qui sont aujourd'hui les plus évocateurs. Autre édifice d'importance, le Colisée est le plus vaste amphithéâtre de Rome et peut accueillir jusqu'à 50 000 spectateurs *(voir p. 82-83)*. Non loin de là, au cœur de la cité, des forums impériaux – ensemble de places publiques, de temples et de bâtiments administratifs – sont construits par les empereurs pour compléter et étendre les installations du Forum Romanum original. Les empereurs bâtissent aussi pour leur prestige personnel. Ainsi, Septime Sévère ajoute son palais à ceux de ses prédécesseurs sur le Palatin. Les monuments impériaux comprennent aussi les temples dédiés aux empereurs déifiés et les grands mausolées circulaires construits sous Hadrien et Auguste.

Tout au long de cette période, Rome, confiante et sûre au cœur d'un empire tout-puissant, ne possède aucun rempart. Mais en 271, en réponse à des temps plus troublés, Aurélien ordonne la construction d'un long mur d'enceinte qui porte son nom. Pendant cinquante ans encore, sous Constantin et Dioclétien, Rome construit de nouveaux édifices. Pourtant, au milieu du IVe siècle le centre du pouvoir se déplace. Rome est désormais sur le déclin.

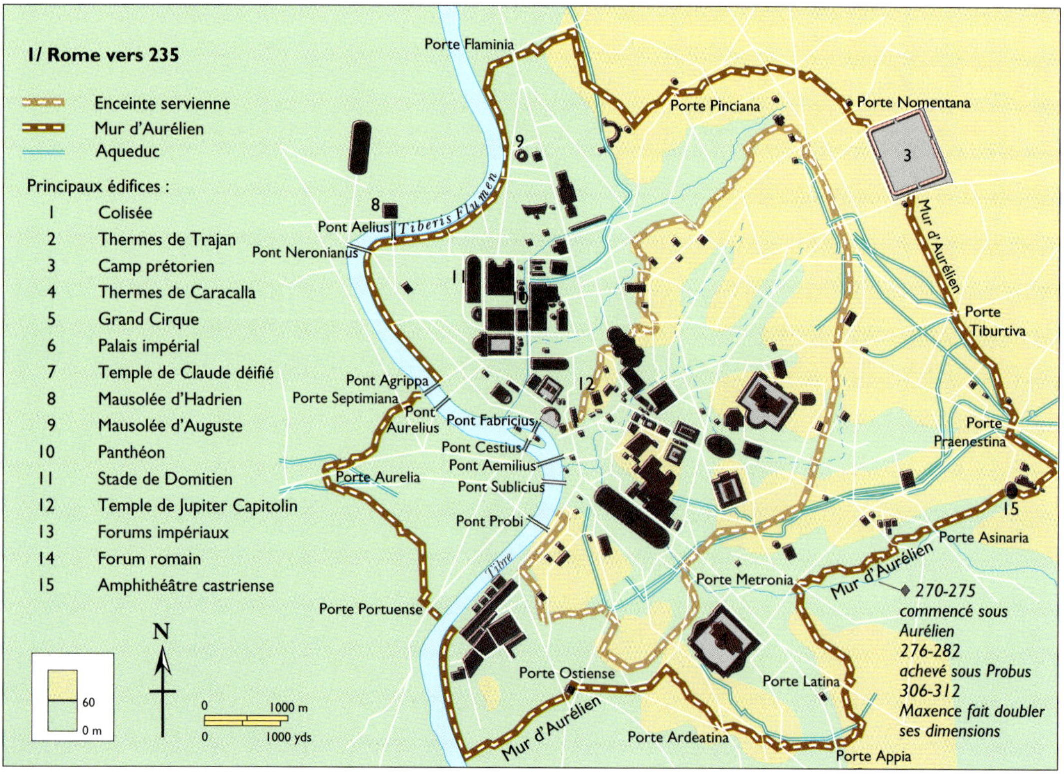

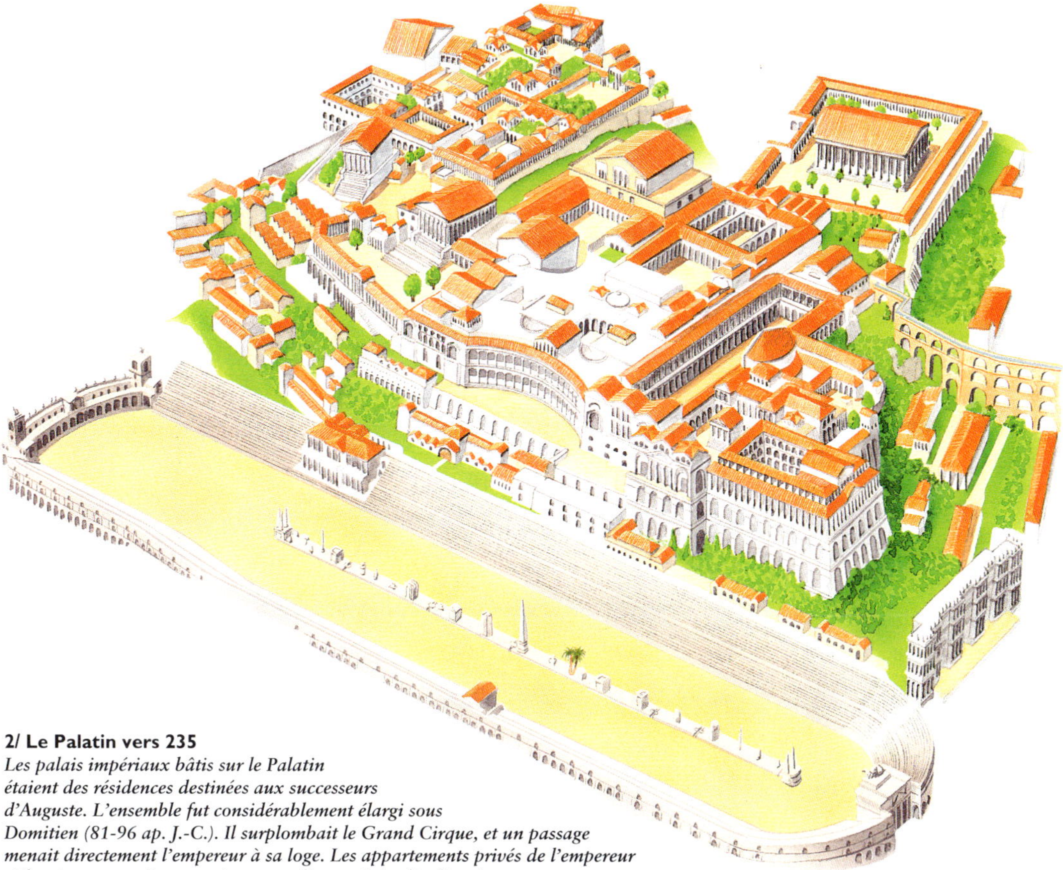

2/ Le Palatin vers 235
Les palais impériaux bâtis sur le Palatin étaient des résidences destinées aux successeurs d'Auguste. L'ensemble fut considérablement élargi sous Domitien (81-96 ap. J.-C.). Il surplombait le Grand Cirque, et un passage menait directement l'empereur à sa loge. Les appartements privés de l'empereur s'élevaient tout près, groupés autour d'un petit jardin d'agrément.

Surveillé par la garde prétorienne (dont le camp était retranché à l'angle nord-est de la ville), le Palatin fut la résidence principale des empereurs jusqu'au IIIe siècle. A cette époque, le sommet de la colline était couvert d'édifices ; pour construire sa résidence, Septime Sévère éleva une solide plate-forme qui prolongeait la colline sur un flanc. Elle était dissimulée en partie au rez-de-chaussée par une façade ornementale isolée, le Septizonium. Sur le flanc nord-ouest de la colline, un autre Sévère, l'empereur Elagabal (218-222), ajouta un vaste temple.

Au sud de la ville, Caracalla (211-217) fit bâtir les thermes les plus vastes et les plus coûteux que Rome ait jamais connus. Ils étaient les établissements de loisir de l'époque, comprenant des galeries d'art, des bibliothèques et des salles de gymnastique. Somptueusement ornés de marbre et de mosaïques, les thermes de Caracalla pouvaient accueillir jusqu'à 1 500 personnes.

Les religions

Aux dieux romains se substituent peu à peu les divinités des cultes à mystères orientaux : Cybèle, Isis, Mithra – et le Christ.

« Voici venir la confrérie de Bellone en fureur et de Cybèle, la Mère des dieux, avec un gigantesque eunuque, idole vénérable de ses obscènes subordonnés. Il y a beau temps qu'il s'est coupé avec un tesson ses testicules amollis. Il a le pas sur cette cohorte enrouée et sur les tambourinaires. »
Juvénal, *Satire VI.*

Les croyances religieuses de la Rome antique reposent principalement sur le traditionnel panthéon de Jupiter. A la fin de la République, les dieux romains sont peu à peu assimilés à certains dieux grecs : Junon devient l'équivalent romain de Héra, Diane d'Artémis, etc. Les Romains adoptent aussi quelques dieux grecs, dont Apollon.

Mais, à cette époque, la religion romaine emprunte davantage à des cultes orientaux d'origine plus lointaine que la Grèce. En 204, au cours de la deuxième guerre Punique, le culte de Cybèle est introduit à Rome alors que les Romains viennent à peine d'arriver à l'est de l'Adriatique : une prophétie annonce que la « pierre noire » de Cybèle aidera Rome contre Hannibal. Elle est transportée de son sanctuaire de Pessinonte (Anatolie) pour être installée dans un temple sur le Palatin.

D'autres cultes orientaux sont peu à peu pratiqués, comme le culte d'Atargatis – déesse de la fertilité souvent appelée « la déesse syrienne » –, ou encore le culte des divinités égyptiennes comme Isis et Sérapis, ce dernier étant issu du culte des bœufs sacrés d'Apis à Memphis. Grâce aux échanges commerciaux et bien que désapprouvés par l'Etat, ils se répandent à travers l'Empire dans les premiers siècles après J.-C.

Ces cultes sont populaires parce qu'ils offrent à leurs adeptes l'espoir de l'immortalité, ainsi qu'une croyance plus personnelle et plus spirituelle que la religion d'Etat. Chaque culte a des traits distinctifs. Celui de Mithra est resté célèbre pour le rite du « taurobole » : l'adepte descend dans une fosse où il est aspergé du sang d'un taureau sacrifié au-dessus de sa tête. Il s'agit de toute évidence d'un rite de purification, bien qu'il soit parfois accompli au nom de l'empereur ou de l'Etat.

Les « mystères » – vérités sacrées révélées aux seuls initiés – caractérisent de nombreux cultes et font de la conversion une expérience émotionnelle. Cela est vrai de deux autres religions orientales introduites sous le Haut-Empire : le mithraïsme et le christianisme.

Au cours du IIIe siècle, la religion d'Etat elle-même s'imprègne des croyances orientales. Aurélien (270-275) fait construire à Rome un grand temple dédié au Sol Invictus (le Soleil Invincible). Ce culte demeure un

D'origine perse, le dieu Mithra devint particulièrement populaire dans l'armée romaine. Les représentations dans ses sanctuaires le montraient tuant un taureau mystique dont le sang était source de vie. Les fidèles de Mithra cherchaient une purification morale en se soumettant à des épreuves physiques.

De nombreux cultes populaires venaient des provinces orientales. Cette fresque du temple de Conon à Doura-Europos (Syrie), dédié en 70 ap. J.-C., montre des prêtres portant des chapeaux coniques et allumant un feu sacrificiel.

élément clef de la religion officielle jusqu'à la conversion de l'empereur Constantin au IVe siècle, qui marque la victoire de la religion orientale sur les dieux romains traditionnels *(voir p. 124-125).*

Ci-dessous, au centre. *Pendant les siècles de persécution, les chrétiens utilisaient des symboles codés. Gravé sur cette tuile de Corinium (aujourd'hui Cirencester dans le comté de Gloucester) figure un jeu de mots apparemment innocent : « Arepo le semeur mène les roues avec prudence. » Mais les mots latins constituent un anagramme de « Pater Noster A O » (alpha et oméga). La tuile de Cirencester ne peut être datée avec précision, mais un fragment du même palindrome a été retrouvé sur une amphore de la fin du IIe siècle provenant du fort romain de Manchester.*

Ci-dessous. *Le culte du dieu Soleil fut introduit à Rome en 218 par l'empereur Elagabal. Réintroduit plus tard par Aurélien, il devint un élément important de la religion d'Etat. Cette plaque de plomb montre le dieu Soleil sur son char ; en-dessous, une divinité féminine accompagnée de cavaliers ; en bas, une scène de banquet. Trouvée en ex-Yougoslavie, elle date de la fin du IIIe siècle-début du IVe siècle, époque où ce culte était à son apogée.*

Ce bas-relief de Rome montre un « archigalle » – eunuque et grand prêtre du culte de Cybèle (ou Magna Mater). Paré des robes et de la mitre de sa fonction, il porte un fléau – car le rite inclut la flagellation – et un récipient contenant des pignons réservés à la déesse. Il est entouré des instruments de musique servant à accompagner la danse extatique des adorateurs.

L'Afrique romaine

Les provinces d'Afrique du Nord, des frontières égyptiennes à la côte atlantique, comptent parmi les plus prospères.

« Les régions peuplées de l'Afrique font toutes preuve d'une très grande fertilité mais comme ce pays est principalement laissé en friche et recouvert de sables stériles… il est abandonné, plutôt qu'exploité. »
Pomponius Mela.

Bordées par le Sahara au sud et la Méditerranée au nord, les provinces africaines sont des terres fertiles où les précipitations suffisent aux travaux agricoles avec, si nécessaire, l'appoint de l'irrigation. Olives et céréales constituent les principales productions, et toutes deux sont largement exportées. L'Afrique du Nord est le second fournisseur de blé de Rome, après l'Egypte. L'abondance d'huile d'olive est telle que seuls les foyers les plus démunis ne peuvent se permettre des lampes à huile. Les grandes villes sont surtout situées sur les anciennes terres carthaginoises, à l'est. Thysdrus (El Djem) et Leptis Magna vivent richement de leur production d'huile d'olive – mais la plus grande des cités africaines reste Carthage.

L'Afrique du Nord possède un avantage notable sur les provinces européennes ou levantines de l'Empire : sa longue frontière terrestre est moins menacée par des ennemis extérieurs et nécessite moins de troupes pour sa surveillance. Cependant, on établit un système de routes et de forts militaires pour former un bouclier de protection contre les razzias des nomades ; des barrières sont érigées sur des points particulièrement vulnérables, ou encore pour jalonner des routes pastorales saisonnières menant vers le sud, dans le désert. Malgré cela, des razzias ont lieu. La tranquillité de l'Afrique du Nord est toutefois soulignée par le fait qu'une seule légion y stationne, contre quatorze ou plus pour la région du Rhin et du Danube.

Ces splendides mosaïques de Tunisie évoquent la vie quotidienne en Afrique romaine. Même les modestes villes de basse montagne pouvaient s'offrir des mosaïques pour leurs édifices publics ou leurs riches propriétés. Beaucoup d'entre elles représentent des villas rurales entourées d'arbres et de bétail. Ces fermes étaient le support de l'économie de la région, et la clef de la prospérité de l'Afrique romaine.

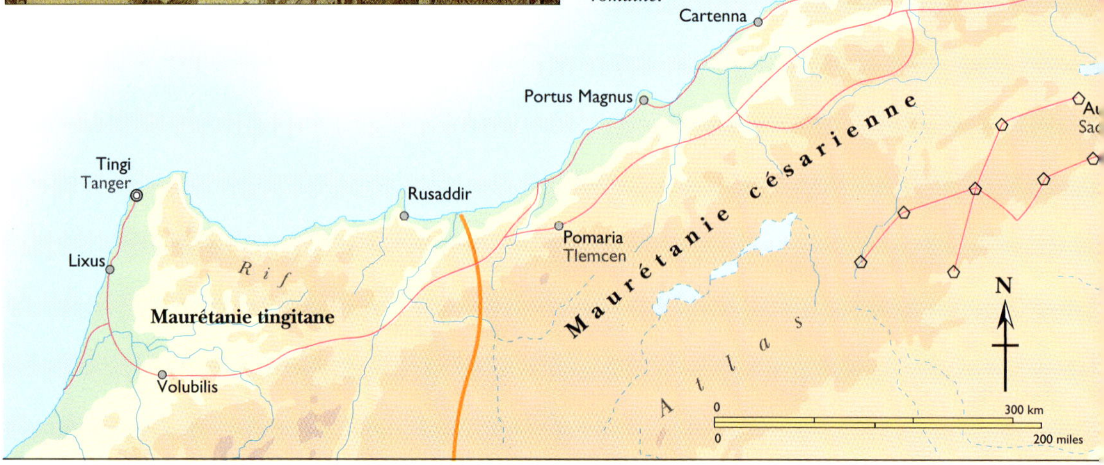

2/ Production de l'huile d'olive

L'huile d'olive était une des plus grandes richesses de l'Afrique romaine, extraite partout dans les provinces, dans d'innombrables fermes. Le moulin à huile représenté ici a été découvert à Wadi Umm el-Bagel, dans l'actuelle Libye. Son fonctionnement était le suivant : les arbores de la salle 1 soutenaient une poutre en bois, à l'extrémité de laquelle on accrochait un contrepoids. Le liquide d'olives pressées coulait dans un récipient rempli d'eau, où se déposaient les sédiments. L'huile ainsi épurée flottait à la surface de l'eau et passait par une rigole dans un nouveau récipient. L'huile de première qualité était alors recueillie à la louche et mise dans des cuves ; l'huile de qualité inférieure, plus lourde, coulait par un tuyau dans la salle 5 où elle était versée dans des amphores.

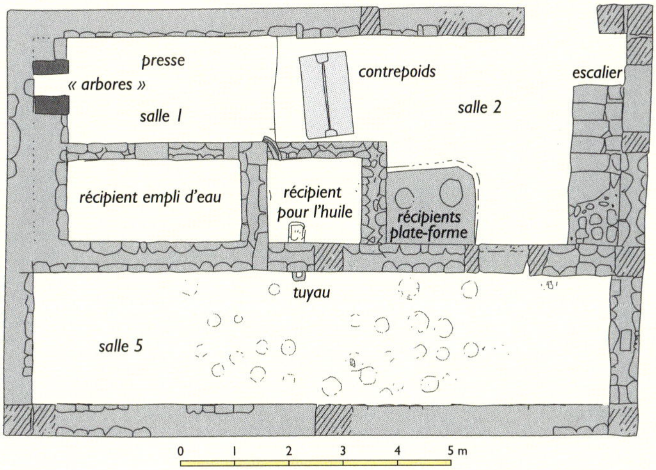

1/ L'Afrique romaine au IIIe siècle ap. J.-C.

- Province
- Capitale de province
- Base légionnaire
- Autre centre
- Route romaine
- Fort frontalier
- Barrière frontalière

Au IIIe siècle ap. J.-C., Thysdrus (El Djem), dans l'actuelle Tunisie, était devenue si prospère grâce à son commerce d'huile d'olive qu'elle put faire construire un amphithéâtre que seul le Colisée de Rome dépassait en dimensions.

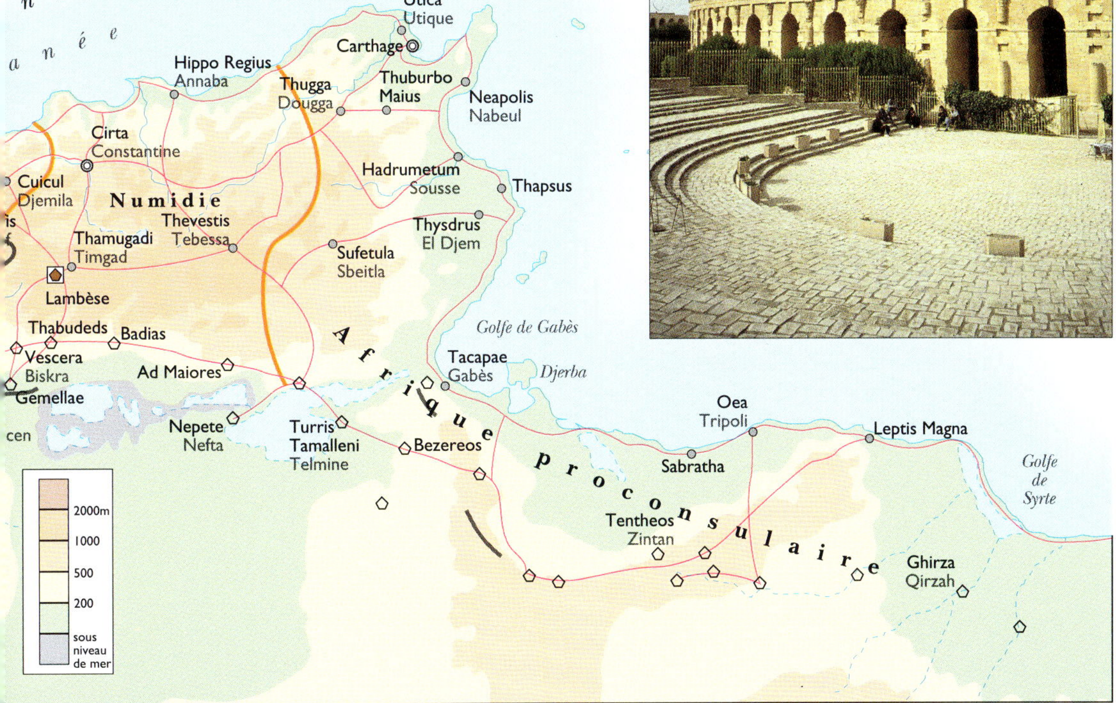

Trois villes africaines

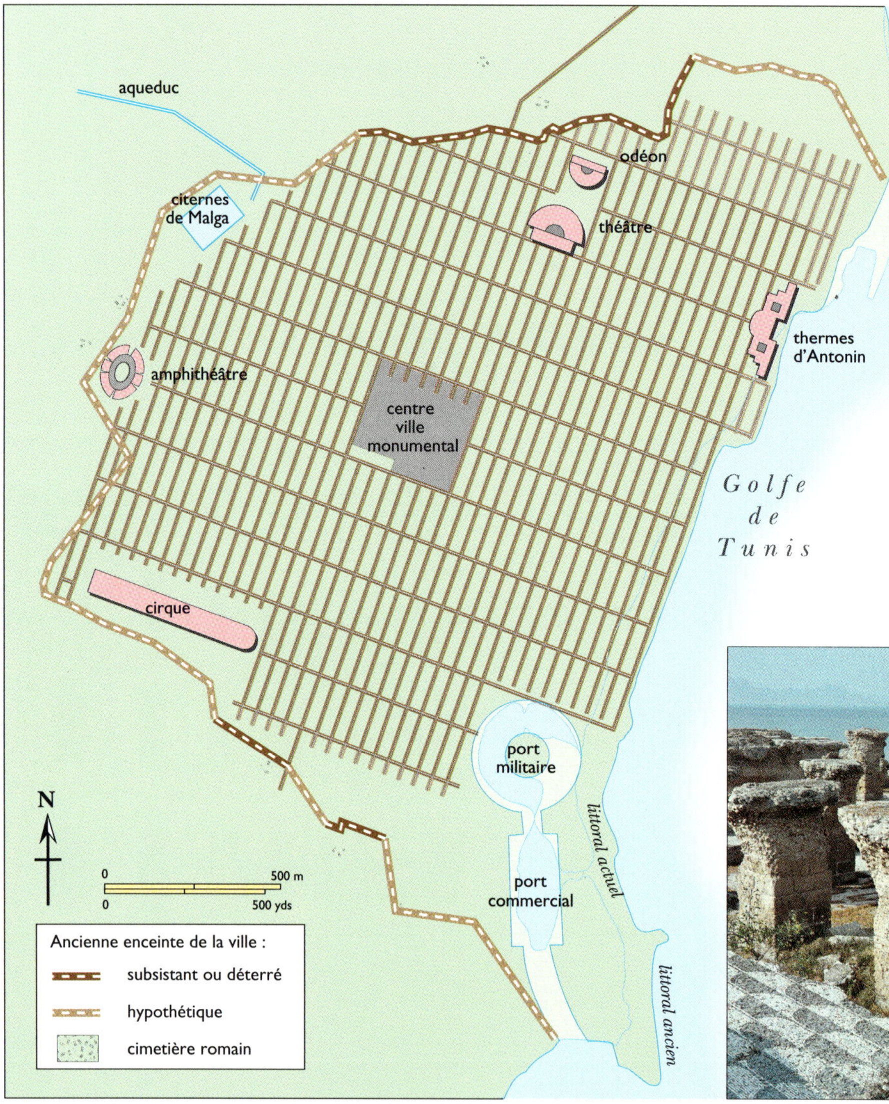

Les piliers d'hypocauste des thermes d'Antonin situés sur le front de mer de Carthage. Construits sur ordre d'Antonin le Pieux entre 145 et 162, ce magnifique ensemble de thermes est l'un des plus grands qui existe hors de Rome.

Carthage avait été la grande ennemie de Rome pendant les trois guerres Puniques, et fut détruite par les Romains en 146 av. J.-C. Le site était toutefois trop favorable pour être négligé : en 29 av. J.-C., l'empereur Auguste fonde officiellement une nouvelle Carthage. Elle ne tarde pas à devenir l'une des quatre grandes cités du monde romain avec Alexandrie, Antioche et Rome. L'empereur Hadrien augmente les réserves en eau de la ville en faisant construire le gigantesque aqueduc de Zaghouan, vers le milieu du IIe siècle, et son successeur Antonin le Pieux y fait réaliser les thermes d'Antonin, qui surplombent le front de mer. Carthage est une métropole riche et raffinée et, au IIIe siècle, elle devient le centre de la chrétienté. La ville est prise par les Vandales en 439, mais demeure un pôle important jusqu'au VIIe siècle, où elle est éclipsée par sa voisine Tunis, nouvellement fondée par les Arabes.

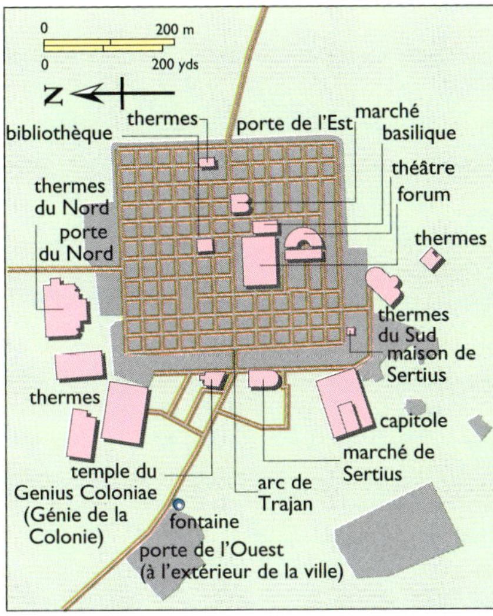

Timgad est l'un des exemples les plus réussis de *colonia* romaine. Cette ville a été créée de toutes pièces à l'intention des vétérans de la troisième légion d'Auguste stationnant à Lambèse, non loin de là. Elle est fondée en 100 ap. J.-C. sur ordre de l'empereur Trajan. Son plan géométrique rigoureux rappelle ses origines militaires. Le quadrillage prévoit un espace pour le forum, le théâtre et les thermes – d'autres édifices comme le capitole sont relégués dans le faubourg. Des colonies telles que Timgad sont censées servir de place-forte pour la région et sont donc d'emblée munies d'un rempart. Au cours du temps, elle acquiert les agréments habituels d'une ville romaine prospère, y compris une bibliothèque, et rien moins que quatorze thermes publics. De nombreuses maisons sont ornées de mosaïques aux motifs floraux soignés.

Comme Carthage, **Leptis Magna** a d'abord été une colonie phénicienne, pour ne tomber sous domination romaine qu'au IIe siècle av. J.-C. Elle doit sa prospérité à un arrière-pays fertile, produisant céréales et olives, et au commerce de son port. Au début du Ier siècle ap. J.-C. la cité a reçu un nouveau forum et une nouvelle basilique, ainsi qu'un beau théâtre et un marché doté de deux « kiosques » identiques en son centre. Au début du IIe siècle, Trajan et Hadrien ajoutent respectivement un arc de triomphe et des thermes publics. La ville connaît son heure de gloire lorsque Septime Sévère, qui y est né, devient empereur à la fin du IIe siècle. Il édifie un grand forum, une rue à colonnade et améliore les services du port en ajoutant un entrepôt et un phare.

Le théâtre de Leptis Magna fut construit en 1 et 2 ap. J.-C. par un noble carthaginois, Annibal Rufus, et rénové au IIe siècle.

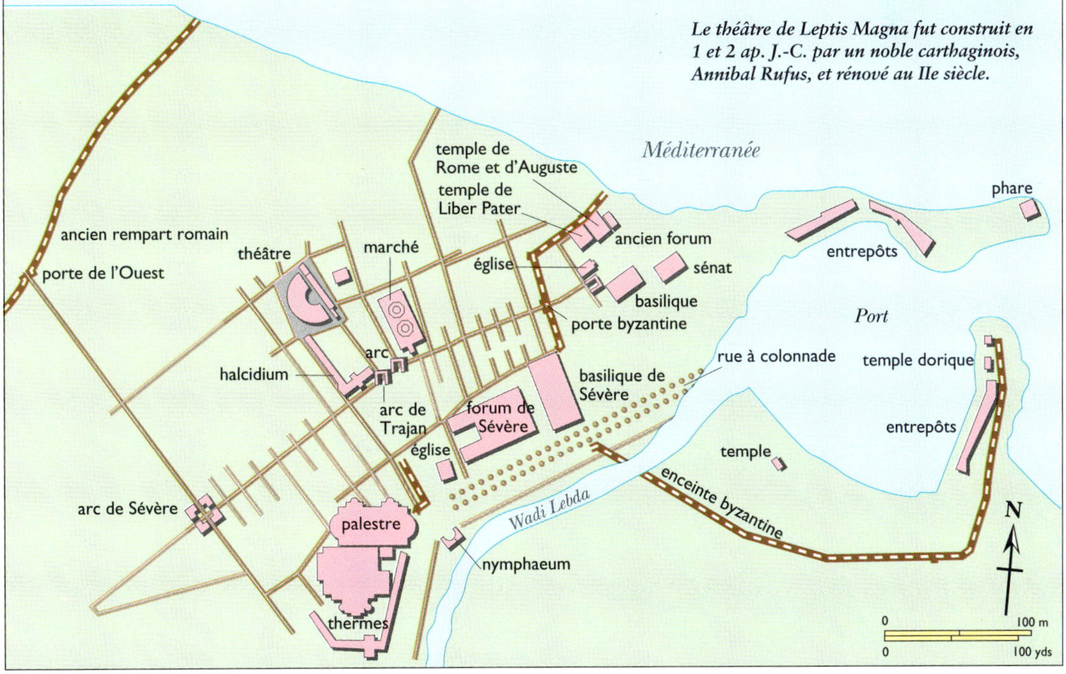

L'Empire aux abois

Au milieu du IIIe siècle, l'Empire romain est menacé par les luttes intestines et les invasions barbares.

« Trois cent vingt mille Goths ont envahi le territoire romain... L'Etat tout entier est épuisé, sans force. »
« Vie de Claude II », extrait de l'*Histoire Auguste*.

Dans les provinces orientales, les principaux adversaires des Romains sont les Goths et les Perses. Les Goths sont un peuple germain récemment installé sur les rives nord de la mer Noire. Durant les années 240 à 270, ils sont une menace permanente pour les provinces des Balkans et d'Asie Mineure. A l'issue de leur victoire à Abrittus en 251, ils tuent l'empereur Dèce, mais ne cherchent pas à s'établir sur le territoire impérial. En 256, ils lancent plusieurs attaques par mer contre l'Asie Mineure, et en 268, ils pillent Athènes lors d'une grande offensive sur terre et sur mer. Quant aux Perses, ils renversent leurs souverains parthes, dans les années 220, pour fonder un nouvel empire à l'est de l'Euphrate. Ils multiplient les assauts contre les provinces orientales de Rome après 230, jusqu'aux grandes invasions de 253, où Antioche est pillée, et de 260, où l'empereur Valérien est fait prisonnier à Edesse. En plus des agressions étrangères, le fils de Valérien, Gallien (règne 253-268), doit faire face à des généraux rivaux qui briguent le pouvoir ou forment des Etats séparatistes à l'est et à l'ouest.

Les peuples germains franchissent à plusieurs reprises la frontière occidentale. En 260, ils envahissent la Gaule, et des groupes de pilleurs atteignent Tarragone, en Espagne. L'Italie fait l'objet de plusieurs grandes invasions en 259, 268 et 271. Les Italiens se défendent sur tous les fronts avec succès : en quelques années, les Perses doivent repasser le Tigre, et les Goths le Danube. A la fin des années 270, l'Empire romain a retrouvé son unité et la stabilité de ses frontières.

L'empereur Dèce (règne 249-251) figure sur l'un des derniers tétradrachmes d'argent frappés à Antioche, capitale de la Syrie romaine. Cette série de pièces cessa d'être émise lorsque Antioche fut pillée par les Perses, deux ans après la mort de Dèce dans une bataille contre les Goths.

Cette sculpture taillée dans le roc à Naqsh-i-Rustam, près de Persépolis, représente la capture de l'empereur Valérien par les Perses en 260. Valérien mourut en captivité. La rumeur disait que son corps empaillé avait été exhibé en trophée à la cour perse. Cette histoire montre bien le sentiment d'humiliation causé par cette capture.

L'Occident fait sécession

Inquiètes de l'incapacité de Rome à les protéger, certaines provinces occidentales font sécession et désignent leur empereur.

Assailli par les envahisseurs sur les frontières de l'est, Gallien (règne 253-268) ne peut pas tenir en main tout l'Empire. Beaucoup de provinciaux préfèrent alors se fier à des dirigeants locaux pour défendre leurs frontières plutôt qu'à un gouvernement central lointain et impuissant. Le dirigeant séparatiste Postumus, gouverneur de Basse-Germanie, est le plus illustre. Sa révolte, à l'automne 260, mène à la fondation d'un empire des Gaules qui jouira pendant quinze ans d'un statut indépendant. Le cœur de cet empire est formé des trois provinces de Gaule (lyonnaise, aquitaine, narbonnaise) et des deux Germanies, avec leurs puissantes armées frontalières. En 261, Postumus rattache à son empire l'Espagne et la Bretagne – et même la Rhétie pendant une brève période.

L'empire des Gaules acquiert le soutien de ses habitants en portant ses efforts sur la défense de la frontière rhénane. Mais ni Postumus, ni ses successeurs ne décident de marcher sur Rome ; ils reconnaissent à chacune des provinces romaines occidentales une identité dont ils peuvent au contraire tirer parti. Prospère et autonome, l'empire des Gaules survit à son fondateur, malgré la défection de l'Espagne en 269 et la reconquête par Claude II (règne 268-270) des terres situées à l'est du Rhône. Quatre ans plus tard, le dernier empereur gaulois, Tetricus, est vaincu dans une bataille âprement disputée à Châlons-sur-Marne et les provinces de Gaule, Bretagne et Germanie sont rendues à l'Empire romain par le successeur de Claude, Aurélien (règne 270-275).

La prospérité de la Gaule et de la Rhénanie au IIIe siècle pouvait se voir aux nombreuses villas dans la campagne. Une villa était le cœur d'une propriété foncière. Dans la cour intérieure se trouvait la résidence des propriétaires, qui avait parfois aussi une maison dans une ville voisine. La gestion quotidienne de la propriété était laissée à un régisseur, dont la maison fait ici face à la cour extérieure. C'est là que les récoltes étaient stockées, les outils rangés et le bétail parqué. De nombreuses villas comportaient aussi un atelier de manufacture simple – par exemple une petite fonderie.

A droite. *Les murs de la ville du Mans datent de la seconde moitié du IIIe siècle. De nombreuses villes impériales, notamment à l'ouest, furent enceintes de murailles défensives pendant cette période d'invasions et d'alertes militaires.*

Ci-dessus. *Une pièce d'argent représentant l'empereur Postumus (règne 260-269). Dirigeant talentueux et populaire, il réprima avec brio l'insurrection de Laelianus à Mayence, mais fut assassiné parce qu'il refusa à ses troupes le droit de piller la ville.*

Grandeur et décadence de Palmyre

Tandis que Rome perd le contrôle des provinces orientales, la puissante cité de Palmyre prend le commandement de la région.

« [Zénobie] recevait les honneurs à la façon des Perses, mais elle apparaissait aux assemblées publiques à la manière des Romains, portant un casque et une ceinture ornée d'un filet pourpre... Son visage était mat... ses yeux étaient noirs et puissants... son esprit d'une profondeur divine, sa beauté incroyable. »
L'*Histoire Auguste*.

Depuis deux cent cinquante ans après la naissance de Jésus-Christ la ville de Palmyre jouit d'un statut quasi indépendant aux frontières de la Syrie romaine. Mais elle affirme davantage son pouvoir lorsque les Perses font prisonnier l'empereur Valérien à Edesse en 260 pour prendre le contrôle des provinces orientales. Gallien, le fils de Valérien, est alors trop occupé à résoudre les désordres de la frontière nord et à repousser les prétendants au trône ; il n'a aucun recours contre la menace perse. Ces circonstances donnent aux habitants de Palmyre une occasion d'agir : Odenathus, leur premier chef, décide de défendre les intérêts des provinces orientales. Ils font d'abord alliance avec Gallien puis reprennent aux Perses la province de Mésopotamie et les défont devant leur capitale, Ctésiphon, en 266.

En 267, le pouvoir palmyrien s'épanouit encore après la mort d'Odenathus. Bien que son successeur nominal soit son fils Vallabathus, c'est sa veuve Zénobie qui gouverne en réalité. En 270-271, elle lance un vaste programme de conquêtes qui soumet l'Egypte et de larges zones de l'Asie Mineure. C'est un triomphe de courte durée : en 272, l'empereur Aurélien se montre déterminé à reprendre ses provinces orientales et à briser le pouvoir de Zénobie. Son armée pénètre en Asie Mineure, remporte des victoires à Tyana, Immae et Emesa, et assiège Zénobie à Palmyre. Elle est faite prisonnière alors qu'elle tente de fuir en Egypte à dos de chameau. Après avoir assisté au triomphe d'Aurélien, elle est autorisée à se retirer dans une villa proche de Rome. Les provinces orientales sont ramenées pacifiquement sous l'autorité romaine, mais les habitants de Palmyre refusent d'accepter la défaite. En 273, ils cherchent une fois de plus à proclamer leur indépendance, mais la révolte est réprimée, et Palmyre détruite.

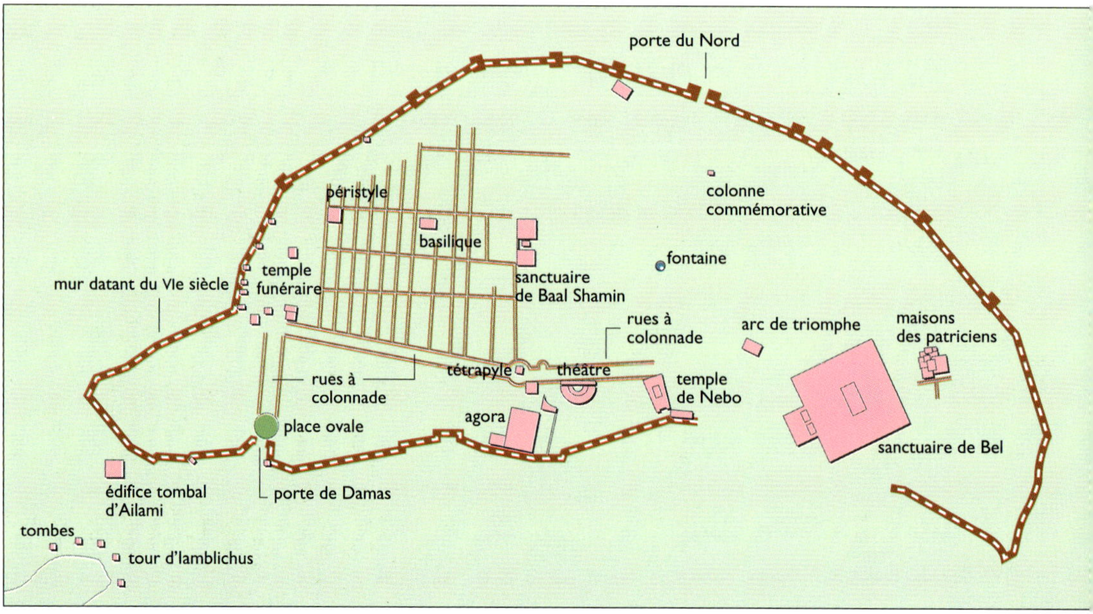

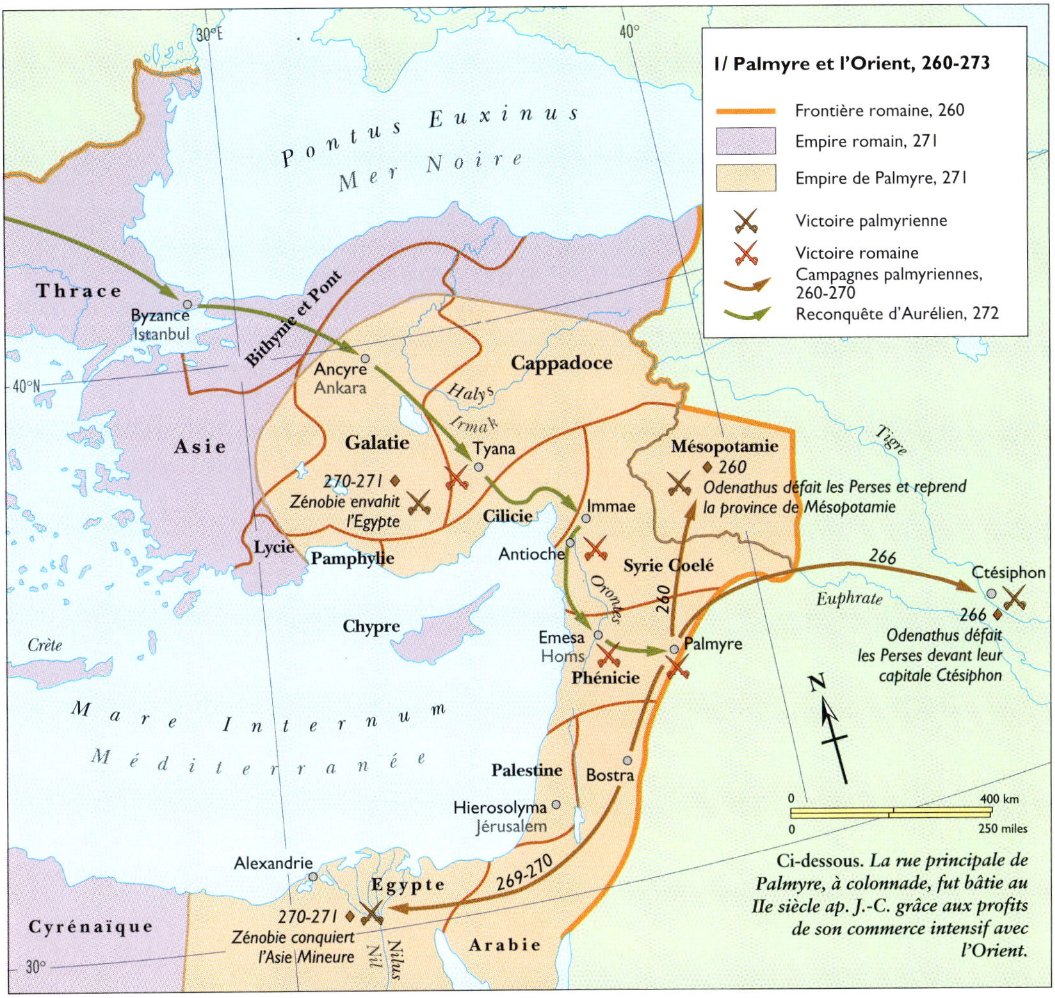

2/ La ville de Palmyre
L'oasis de Palmyre, située dans le désert syrien, devint un centre important sur les routes commerciales étendues qui menaient aux cités peuplées de la Méditerranée orientale. Les habitants de Palmyre s'enrichirent des profits de ce commerce et ornèrent leur ville de temples et de colonnades. Au cœur de la ville s'élevait le grand sanctuaire de Bel, un énorme temple situé à l'intérieur d'un grand enclos rectangulaire.

N
0 200 m
0 200 yds

Ci-dessous. *La rue principale de Palmyre, à colonnade, fut bâtie au IIe siècle ap. J.-C. grâce aux profits de son commerce intensif avec l'Orient.*

V Restauration et déclin

La fin du IIIe siècle fut marquée par un programme de redressement et de consolidation entrepris dans les années 270, mais qui prit toute son ampleur sous Dioclétien. Les décennies suivantes furent caractérisées par la solidité du gouvernement des collègues et successeurs de Dioclétien, et culminèrent avec le règne de Constantin, premier empereur chrétien. Malgré la survie du paganisme, le christianisme devint la religion officielle de l'Empire romain, même pendant le déclin de l'autorité romaine, jusqu'à l'abdication du dernier empereur occidental en 476.

Le monde romain du IVe siècle était très différent de l'empire des Julio-Claudiens trois cents ans plus tôt. Malgré les quelques modestes conquêtes orientales de Dioclétien, les victoires remportées par Constantin au nord du Danube et l'ambitieuse campagne menée en Perse par Julien, l'Empire romain devait faire front aux attaques de ses ennemis étrangers. De plus, à partir du milieu du IVe siècle, et de façon radicale à partir de 395, il fut divisé en deux parties indépendantes.

La défense du royaume

Lorsque Dioclétien arriva au pouvoir en 284, les Romains pouvaient penser qu'il s'agissait une fois de plus d'un officier illyrien qui allait régner quelques années avant d'être assassiné par l'armée, scénario éprouvé lors des trente années précédentes. Même un empereur aussi auréolé de succès qu'Aurélien était mort assassiné. Dioclétien se montra toutefois à la hauteur de la situation : il établit un pouvoir qu'il garda vingt ans, et auquel il renonça de lui-même en abdiquant pour jouir d'une paisible retraite. Etant donné les troubles de ces décennies, on peut considérer ce parcours comme remarquable.

Lors de son accession au pouvoir, Dioclétien dut affronter deux problèmes cruciaux : la sécurité de l'Empire et de ses frontières, et la sécurité de la fonction même d'empereur. Il traita le premier par une augmentation des effectifs militaires. Il créa des légions aussi entraînées qu'avant, mais réduites : certaines ne comptaient qu'un millier d'hommes contre 5 000 auparavant. Toutefois, l'armée était plus nombreuse qu'au IIe siècle : elle comptait jusqu'à 400 000 hommes, soit un tiers de plus. Dioclétien consacra également beaucoup de temps et d'argent à consolider les défenses frontalières. Ces mesures pesèrent considérablement sur les ressources de l'Etat, et Dioclétien les accompagna de réformes fiscales destinées à assurer à l'armée une solde régulière et un ravitaillement approprié. Les impôts nouveaux étaient payés en partie en espèces, en partie en nature, signe du déclin monétaire de la fin de l'Empire.

L'expression du pouvoir

Les fréquents assassinats d'empereurs avaient été au IIIe siècle un facteur de déstabilisation. Dioclétien voulut y remédier en instaurant un cérémonial de cour qui déifiait l'empereur. Désormais, lorsqu'ils apparaissaient en public, les empereurs étaient parés d'un diadème de joyaux, de chaussures ornées de pierres précieuses et de robes de pourpre et d'or. Les sujets qui se présentaient devaient se prosterner et baiser le bas de leur robe. Il était

Ce missiorum, *ou plat d'argent, montre la splendeur de Théodose (règne 379-395), majesté par laquelle les dirigeants de Rome au IVe siècle cherchaient à affirmer leur puissance. Le réalisme des portraits du début de l'Empire a cédé la place à un style plus abstrait, proche de l'icône, qui insiste davantage sur les attributs du pouvoir (robes et diadèmes) que sur les traits physiques.*

loin le temps où l'empereur n'était qu'un *princeps* ou « premier des citoyens ». Certes, le titre était surtout une fiction, mais à présent l'empereur cessait de feindre pour devenir *dominus et deus*, « seigneur et dieu ». De même, il ne faisait plus semblant de consulter le Sénat : il était maintenant un monarque absolu entouré de conseillers qu'il nommait à sa guise.

La sécurité impériale fut renforcée par des changements dans l'administration de l'Empire. Pendant la première moitié du siècle précédent, de nombreuses rébellions avaient été rendues possibles par le fait que tout gouverneur provincial en place dans une importante province frontalière disposait d'un soutien civil et militaire. Ce double pouvoir lui permettait de défier le gouvernement central sans susciter beaucoup d'opposition parmi les habitants de sa province. Dioclétien sépara autorité civile et autorité militaire. Les généraux n'eurent plus de fonctions civiles, chaque province eut à la fois un gouverneur civil et un commandant militaire *(dux)*. Les limites des territoires de provinces avaient jadis été redessinées par Septime Sévère, mais les provinces sévériennes furent de nouveau subdivisées, ce qui réduisit les territoires, et le pouvoir des gouverneurs provinciaux. La Bretagne fut coupée en deux par Sévère, puis en quatre par Dioclétien. Les provinces furent groupées en douze unités supérieures ou « diocèses », contrôlées par des « vicaires » directement responsables devant l'administration impériale.

Le changement le plus radical concernant le statut de l'empereur fut le principe de collégialité institué par Dioclétien. Cette décision fut motivée par la prise de conscience que les problèmes de l'Empire, en particulier aux frontières, devenaient trop complexes pour être du ressort d'un seul homme. Dioclétien nomma son premier collègue Maximien « César » (ou empereur de second rang) en 286, et le gratifia du titre d'« Auguste » (empereur aîné) un an plus tard. En 293, le nombre des empereurs fut élevé à quatre, par la nomination à l'Ouest comme à l'Est d'empereurs de second rang. Cette division des pouvoirs, ou tétrarchie, eut d'importantes conséquences. Elle institutionnalisa la distinction entre partie occidentale et partie orientale de l'Empire, division qui fut consacrée au cours du IVe siècle et qui aboutit en 395 à une indépendance des deux parties de l'Empire.

Constantin et le christianisme

Les réformes de Dioclétien fixèrent le cadre de l'administration impériale pour les décennies à venir. Toutefois, la tétrarchie fut bientôt victime des ambitions. Lorsque Dioclétien abdiqua en 305, il destitua son collègue Maximien : ensemble, ils remirent le pouvoir à leurs collègues et inférieurs, Constance et Galère, qui devinrent les nouveaux empereurs suprêmes. A leur tour, ils nommèrent de nouveaux collègues inférieurs, prorogeant en cela la structure tétrarchique. A la mort de Constance en 306, des fissures fragilisèrent le système. Son fils, Constantin, fut reconnu par les provinces occidentales comme successeur de son père, mais les autres tétrarques ne l'acceptèrent qu'à contrecœur. Au même moment, Maxence, fils de Maximien – l'ancien collègue de Dioclétien – se proclama empereur à Rome et prit possession de l'Italie et de l'Afrique du Nord. S'ensuivit une série de guerres civiles et de compromis politiques qui ne prirent fin qu'avec le renversement de la tétrarchie et la victoire de Constantin, devenu seul maître, en 324.

Sous Constantin, le programme de réforme administrative et militaire se poursuivit. Il décida de diviser l'armée romaine en contingents frontaliers

La Basilica Nova fut entreprise sous Maxence, qui prit le pouvoir à Rome en 306, mais ne fut achevée qu'après la victoire de Constantin au pont Milvius qui plaça la ville sous son autorité.

Edit de Dioclétien sur les prix

En 301, l'empereur Dioclétien promulga cet édit afin de résorber l'inflation qu'il attribuait à « la folie de la spéculation sans limites ». Les prix sont donnés en *denarii*, bien que cette simple unité de compte ne fût plus représentée concrètement par une pièce de monnaie. Son rapport avec la monnaie de l'époque frappée par Dioclétien n'a jamais été établi.

I. Grains		*denarii*
blé	1 armée *modius**	100
orge	1 armée *modius*	60
seigle	1 armée *modius*	60
...		
lentilles	1 armée *modius*	100
...		
II. De même, pour les vins :		
Picenum	1 sextarius italien	30
Tibur	1 sextarius italien	30
ordinaire	1 sextarius italien	8
bière gauloise ou pannonienne		
bière égyptienne	1 sextarius italien	4
III. De même, pour l'huile :		
avec olives fraîches	1 sextarius italien	40
de deuxième choix	1 sextarius italien	24
IV. De même, pour la viande :		
porc	1 livre italienne	12
bœuf	1 livre italienne	8
V. De même, pour le poisson :		
poisson de mer	1 livre italienne	24
poisson de deuxième choix	1 livre italienne	16
poisson de rivière premier choix	1 livre italienne	12
poisson de rivière deuxième choix	1 livre italienne	8
huîtres	100	100
VII. Pour les payes :		
laboureur avec une maintenance	par jour	25
menuisier	idem par jour	50
peintre en bâtiment	idem par jour	75
artiste peintre	idem par jour	150
pâtissier	idem par jour	50
instituteur par élève	par mois	75
tenancier de thermes par client	par jour	2

* baril standard pour les produits solides aux normes utilisées pour les fournitures militaires.

et en unités mobiles, décision qui fut critiquée par certains qui estimaient qu'elle affaiblissait les frontières. Constantin se montra un brillant général, dans les guerres civiles comme dans sa campagne contre les Germains et les Goths. Son innovation la plus importante ne fut pas militaire ou administrative, mais religieuse : il fit du christianisme la religion d'Etat.

Au début du IVe siècle, certaines mesures furent pourtant défavorables aux chrétiens. En février 303, les empereurs orientaux Dioclétien et Galère publièrent un édit ordonnant la destruction des églises et des livres religieux. D'autres édits suivirent, jusqu'à l'ordre de sacrifier universellement aux dieux païens. Les chrétiens s'y refusèrent, et furent tués par milliers. La persécution se poursuivit à l'est après 312, mais, passé le massacre initial, devint sporadique et occasionnelle, et n'eut jamais beaucoup de conséquences à l'ouest.

Adopter officiellement la religion chrétienne était une toute autre étape. C'est pourtant ce que fit Constantin après sa victoire sur Maxence au pont Milvius, au nord de Rome, en octobre 312. Il affirma avoir vu, juste avant la bataille, s'élever dans le ciel la

Croix portant le commandement divin : « Par ce signe tu vaincras. » Quelle que soit la vérité – décision politique ou conviction personnelle – Constantin devint un fervent chrétien à partir de ce jour. Il prit une attitude interventionniste dans les affaires de l'Eglise chrétienne, présidant lui-même les conciles ecclésiastiques, et admettant des évêques chrétiens dans le cercle de ses conseillers. Les trésors des temples furent confisqués et utilisés pour financer un vaste programme de construction d'églises, parmi lesquelles la première basilique Saint-Pierre-de-Rome et les églises construites sur les lieux saints de Jérusalem et Bethléem. Le paganisme ne disparut pas subitement, et malgré les édits visant à décourager ou interdire les cultes païens, des non-chrétiens continuèrent à occuper de hauts postes à la cour tout au long du IVe siècle.

Fresque murale provenant d'une villa à Lullingstone (Kent) montrant deux chrétiens priant les bras ouverts. Elle date du milieu du IVe siècle, moment où une petite pièce de la villa semble avoir été transformée en chapelle.

L'éclipse de Rome en tant que centre du gouvernement impérial est un dernier trait du règne de Constantin. Il avait un moment prévu de s'y faire enterrer mais, en 330, il consacra une nouvelle capitale : Constantinople, sur le Bosphore. Ce fut une capitale chrétienne, libre de tout l'héritage des temples et des institutions païennes si présents à Rome. Elle illustre aussi le déplacement du centre de gravité de l'Empire : les provinces orientales gagnèrent en importance à mesure que déclinèrent les provinces occidentales.

Les successeurs de Constantin

A sa mort, en 337, Constantin avait partagé l'Empire entre ses trois fils survivants, Constantin II, Constance II et Constant. Le fils de son beau-frère, Flavius Julius Dalmatius, devait être le quatrième César, mais les fils de Constantin mirent moins de six mois à l'assassiner. Puis Constantin II disparut, tué dans un combat contre son frère Constant en 340. Constant fut tué alors qu'il voulait échapper à l'usurpateur Magnence. Seul Constance mourut de mort naturelle, mais il n'avait que quarante-quatre ans : il s'apprêtait à affronter son cousin Julien lorsqu'il fut emporté par la fièvre.

Les fils de Constantin eurent peu de scrupules envers leurs rivaux ou entre eux, mais tous se prétendirent empereurs chrétiens. Seul Julien fut un tenant de la religion traditionnelle et tenta par divers moyens de la rétablir. Il supprima ainsi l'exemption d'impôts que Constantin avait accordée au clergé chrétien et restaura avec enthousiasme la pratique des sacrifices païens. Il provoqua encore davantage les chrétiens en fermant momentanément la grande église d'Antioche et en menaçant de reconstruire le Temple de Jérusalem en contrepartie du Saint-Sépulcre bâti sous Constantin. Ce

L'église Saint-Serge-et-Saint-Bacchus à Rafasah (ville de garnison importante de la fin de la période romaine, en Syrie) date de la fin du VIe siècle. L'extrémité ouest de l'église était formée d'une paire de tours ; à l'extrémité est, l'abside circulaire était recouverte d'un demi-dôme.

genre d'initiatives déplaisait même à un certain nombre de païens – mais Julien ne vécut pas assez pour mener à bien tous ses projets : il fut tué en 363 lors d'une campagne contre les Perses, ambitieuse, mais vaine.

Bien que les successeurs de Julien fussent chrétiens, ce n'est que dans les dernières années du IVe siècle qu'apparurent de nouvelles mesures destinées à éradiquer la foi païenne. En 384, le gouverneur local Cynégius ordonna la fermeture des temples en Egypte. Sept ans plus tard, l'empereur Théodose publia une série de nouveaux édits interdisant les sacrifices païens et privant les prêtres païens de subventions. Le ressentiment contre les païens conduisit des groupes de chrétiens – et même des moines – à s'en prendre aux temples et aux synagogues. Le christianisme était si puissant qu'un éminent évêque comme Ambroise de Milan put infliger une pénitence publique à l'empereur Théodose lui-même.

Pour les gens ordinaires, ceux qui travaillaient la terre, le IVe siècle fut une époque d'oppression croissante. En 332, une loi institua pour les cultivateurs un bail qui devait les empêcher de se soustraire au paiement des impôts fonciers. Cet exemple, pris parmi tant d'autres, illustre l'autoritarisme croissant à la fin de l'Empire. Autre trait caractéristique : l'augmentation des richesses des très riches, et l'appauvrissement des plus pauvres sous l'effet de l'oppression et des taxes. De riches propriétaires fonciers accumulaient d'immenses domaines et vivaient dans des palais entourés d'entrepôts et d'ateliers qui constituaient de véritables petites villes. Alors que certaines régions de l'Empire étaient en difficulté économique, d'autres, telles la Syrie et l'Afrique du Nord, connaissaient vers la fin du siècle une prospérité renouvelée.

Monnaies d'argent de la fin du IVe siècle. Dioclétien avait inclus dans sa réforme la réintroduction de monnaies d'argent, mais celles-ci ne furent jamais produites en très grande quantité, et leur valeur fut vite dépréciée. Ce n'est que sous le règne de Constance II (337-361) que l'Empire eut de nouveau une monnaie d'argent assez répandue pour faire partie intégrante du système monétaire. Le grand nombre de trésors d'argent retrouvés en Bretagne reflète à la fois le succès de cette monnaie et la prospérité de la province pendant les dernières décennies de l'hégémonie romaine.

Notre connaissance des structures officielles, administratives et militaires de cette époque est due à une copie faite en 1551 d'un document officiel du IVe siècle, la *Notitia Dignitatum* (« liste des dignités ») qui détaille les postes civils et militaires de l'Empire et énumère les noms et les enseignes des unités militaires. Il donne aussi la liste des fabriques impériales créées par Dioclétien pour fournir à l'armée des armes et autres équipements.

L'invasion des Goths

Militairement, les dernières décennies du IVe siècle furent dominées par la menace des Goths. Ce peuple germain s'était établi au nord de la mer Noire et s'était déjà livré, vers le milieu du IIIe siècle, à des razzias en Asie Mineure et dans les provinces de l'Empire situées dans les Balkans. A la fin du IVe siècle, les Goths subirent à l'est la lourde pression d'un ennemi nomade, les Huns. Ils cherchèrent refuge à l'intérieur de l'Empire. Valens, empereur oriental, permit à un groupe d'entrer, mais les traita si mal qu'ils se rebellèrent. Lors d'une grande bataille livrée à Andrinople en 378, l'armée de l'Empire oriental essuya une sévère défaite, et Valens fut tué.

A cette époque, l'Empire était définitivement divisé en deux moitiés : Orient et Occident. La division trouva sa forme ultime lorsque Valentinien Ier (364-375) donna le contrôle de l'Orient à son frère Valens (364-378). Mais en 378, moment de crise pour l'Empire oriental, le pouvoir revint au fils et successeur de Valentinien à l'ouest, l'empereur Gratien (375-383). Il fit de son général en chef le nouvel empereur oriental,

A droite. *Le roi ostrogoth Théodoric chassa Odoacre de Rome en 493 avec le soutien de Byzance. Son palais magnifique figure dans la mosaïque de l'église Santo Apollinare Nuovo à Ravenne, mais, après que ses successeurs eurent été chassés par la reconquête byzantine dans les années 540, son portrait et les figures de ses courtisans furent soigneusement ôtés de la mosaïque.*

Théodose Ier. Il incomba à celui-ci de refouler les Goths des Balkans ou, du moins, de les soumettre. Il n'y parvint qu'en leur permettant d'installer dans l'Empire leur propre roi, allié supposé de Rome – et, dans les faits, de se comporter en peuple armé et autonome.

Le pillage de Rome

Lorsque Théodose mourut en 395, ses jeunes fils Arcadius et Honorius devinrent les empereurs d'Orient et d'Occident. Les Goths choisirent ce moment pour entrer en rébellion. Avec leur nouveau chef Alaric, ils marchèrent sur Constantinople et se livrèrent sans vergogne aux tueries et aux pillages en Grèce. En 397, ils étaient en Epire (nord-ouest de la Grèce) où ils restèrent quatre ans, jusqu'en 401, date où ils envahirent l'Italie une première fois. Refoulés par Stilicon, général nommé par Théodose pour protéger Honorius, ils lancèrent en 407 une seconde invasion qui fut arrêtée par une transaction financière. Ils revinrent l'année suivante, puis, en 410, après deux ans de négociations infructueuses avec le gouvernement finissant d'Honorius, ils perdirent patience et mirent à sac Rome. Cet événement fut considéré comme une catastrophe par les contemporains, même si Rome n'était plus le siège du gouvernement impérial en Italie. Celui-ci en effet avait été déplacé à Ravenne, protégée par des marais côtiers. L'Empire occidental était déjà en crise, à cause des assauts des Goths, mais aussi de la pression des empereurs rivaux, des Vandales, des Alains et des Suèves qui avaient franchi le Rhin et ravageaient la Gaule. Les Goths quittèrent l'Italie et finirent par constituer un empire centré sur la ville de Toulouse en 418. Honorius survécut encore cinq ans avant de succomber à la maladie en 423. A cette époque, la Bretagne, ainsi que de larges pans de la Gaule et de l'Espagne, avaient été soustraits à son contrôle.

Ce diptyque d'ivoire montre Honorius (règne 395-423) avec un étendard portant la formule « Au nom du Christ, tu conquerras toujours », rappelant la Croix qui apparut dans le ciel à Constantin avant la bataille du pont Milvius, et qui portait l'inscription « Par ce signe tu vaincras ». Honorius, lui, ne réussit pas à empêcher les Goths d'envahir l'Italie et de mettre à sac Rome elle-même.

Les successeurs d'Honorius en Occident ne firent pas mieux. Le long règne de Valentinien III (423-455) vit la défaite du chef des Huns, Attila, à la bataille des champs Catalauniques en 453, ce qui n'enraya pas la fragmentation de l'Empire. L'Afrique du Nord tomba aux mains des Vandales en 439. Les empereurs occidentaux qui succédèrent à Valentinien III cédèrent progressivement leur pouvoir aux chefs germains qui contrôlaient leur armée, pour devenir finalement de simples hommes de paille. Le dernier d'entre eux, Romulus Augustus (appelé par dérision Augustulus, le Petit Auguste) abdiqua en 476 pour se retirer en Campanie avec une confortable pension.

L'abdication de Romulus Augustus annonça la fin de l'Empire romain d'Occident, réduit désormais à une mosaïque de royaumes germains dirigés par les Ostrogoths, Wisigoths, Vandales, Francs, Saxons, ou autres. A l'intérieur de ces territoires, l'aristocratie se maintenait, continuant à lire et à écrire le latin (seule la Bretagne cessa de le pratiquer) et mettant son talent d'administrateurs au service des nouveaux maîtres. A l'est, l'Empire romain resta puissant. Ses empereurs intervinrent fréquemment dans les affaires occidentales : le plus puissant d'entre eux, Justinien Ier (527-565), reconquit une partie substantielle des provinces occidentales perdues. Une grande partie de ce territoire fut reperdue au cours du siècle suivant, mais le Royaume byzantin survécut et ses dirigeants hellénophones continuèrent à s'autoproclamer « empereurs des Romains » jusqu'à ce que le dernier mourût près des murs de Constantinople, lorsque les Ottomans prirent la ville en 1453.

Les peuples germains qui envahirent l'Empire romain au Ve siècle ne cherchaient pas à le renverser, mais à en partager la richesse. Cette mosaïque carthaginoise de la fin du Ve siècle ou du VIe siècle représente un seigneur vandale avec tous les attributs du parfait Romain, y compris une confortable villa dans les domaines luxuriants d'Afrique du Nord.

Dioclétien et la division du pouvoir

L'accession au pouvoir de Dioclétien en 284 met fin à la dégradation du système impérial depuis cinquante ans, et inaugure une période de réorganisation.

L'étreinte des quatre tétrarques, la main sur l'épée, symbolise leur union pour la défense de l'Empire. Cette sculpture en marbre, datant de 300 environ, fut placée plus tard dans un angle de la basilique Saint-Marc de Venise.

Peu après avoir été proclamé empereur par ses soldats, Dioclétien nomme Maximien au rang d'Auguste en 285, en charge des provinces occidentales. Huit ans plus tard, cette dyarchie devient une tétrarchie, c'est-à-dire un système de gouvernement qui divise la responsabilité globale entre un collège composé de quatre empereurs dirigés par Dioclétien : chaque Auguste nomme un César, Galère à l'est, Constance (père de Constantin) à l'ouest. Rome cesse d'être l'unique résidence impériale ; de nouveaux centres sont établis plus près des frontières menacées : Trèves et Milan, Thessalonique et Nicomédie.

La réorganisation de l'administration impériale par Dioclétien est profonde. Il redessine le territoire des provinces, qu'il multiplie et regroupe en douze zones administratives supérieures appelées diocèses. Il innove également avec la décision de séparer les pouvoirs civils et militaires : non seulement les armées ne sont plus sous les ordres des gouverneurs, mais leur nouveau commandement ne s'arrête pas aux frontières des provinces. Le but est de mettre fin aux menaces d'insurrection que représentent les riches gouverneurs provinciaux.

Dioclétien se penche aussi sur les problèmes monétaires de l'Empire : il augmente le poids des pièces d'or, introduit la première monnaie d'argent valable depuis un siècle, et réorganise les fabriques. Une monnaie unique est créée pour tout l'Empire, et chaque pièce porte la marque de la fabrique d'où elle est issue, si bien qu'un défaut de fabrication peut être attribué facilement. En 301, il tente de freiner l'inflation en gelant les salaires et les prix, mais cette situation n'est pas tolérée longtemps. Dans l'ensemble, toutefois, les réformes de Dioclétien ont été si efficaces qu'en 305, il peut se permettre d'abdiquer.

Dioclétien, qui fut le seul empereur romain à abandonner volontairement le pouvoir, se retira dans cette vaste villa qu'il avait fait construire à Split. Le péristyle, ou cour intérieure, menait au mausolée dans lequel Dioclétien fut enterré.

L'expansion du christianisme

Le christianisme se répand d'abord en Orient. Bien qu'il fasse très tôt son apparition à Rome, il ne devient populaire en Occident qu'au IIIe siècle.

Pendant longtemps le christianisme n'est qu'une religion orientale parmi d'autres, qui trouve des adeptes dans les grandes villes de l'Empire romain *(voir p. 102-103)*. Le début de sa reconnaissance officielle date de Néron, qui rend les chrétiens responsables du grand incendie de Rome en 64 ap. J.-C. Jésus est mort quelque trente-cinq ans auparavant, mais le christianisme ne tarde pas à se répandre dans les provinces orientales. Vers 50, une communauté chrétienne existe à Rome.

A partir de la fin du Ier siècle, tolérance et persécution alternent, jusqu'au règne de Constantin au début du IVe siècle. Domitien (81-96), comme Néron, persécute sans doute les chrétiens ; puis les « bons empereurs » comme Trajan (98-117) s'en tiennent à la neutralité. Les répressions reprennent au IIIe siècle, alors que le christianisme est déjà bien ancré, y compris parmi les classes dirigeantes : il apparaît comme une menace pour l'Etat. En 250, l'empereur Dèce (249-251) promulgue un édit qui oblige tous les citoyens de l'Empire à sacrifier aux dieux. Refusant de s'y soumettre, beaucoup de chrétiens sont torturés et assassinés.

Les persécutions réapparaissent en 303 lorsque Galère tente de restaurer l'ancienne foi. Mais le christianisme devient finalement la religion officielle en 313 avec l'empereur Constantin, qui reçoit le baptême sur son lit de mort. Le paganisme est encore toléré, mais les trésors des temples sont confisqués et subventionnent un vaste programme de construction d'églises, qui comprend la première basilique Saint-Pierre-de-Rome et les églises édifiées sur les Lieux Saints de Bethléem et Jérusalem, où Hélène, la mère de Constantin, dit avoir retrouvé la croix sur laquelle fut crucifié le Christ. Constantin œuvre pour la doctrine chrétienne, il prend part aux conciles ecclésiastiques d'Arles et de Nicée qui luttent contre les hérésies. Ce lien entre l'Eglise et l'Etat devait se resserrer au cours des siècles qui suivirent.

« Quatre femmes les accompagnaient. Ammonarion, une digne jeune femme malgré les tortures sauvages et prolongées qu'elle avait subies... garda sa promesse et fut emmenée. Les deux autres étaient Mercuria, une dame respectable, et Dionysia, mère d'une nombreuse famille mais non moins fidèle au Seigneur. Le gouverneur eut honte à l'idée de les soumettre de nouveau à de vaines tortures, et d'être ainsi vaincu par des femmes. Aussi les fit-il égorger sans les tenter par de nouvelles épreuves... »
A propos de la persécution des chrétiens sous Dèce, en 250 ap. J.-C., Eusèbe, *Histoire de l'Eglise.*

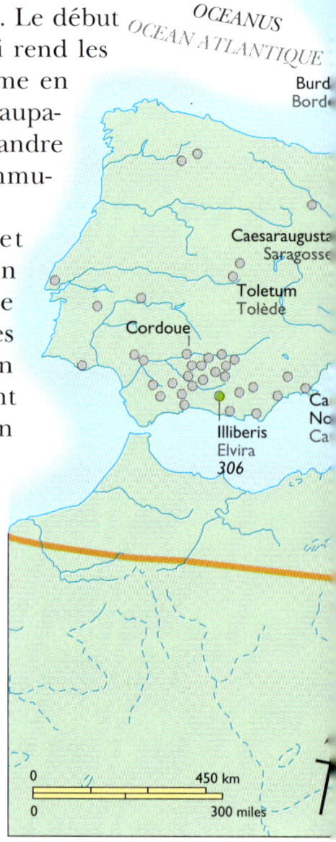

Les premières communautés chrétiennes de Rome creusèrent de vastes cimetières communs (dits catacombes) hors des frontières de la ville pour y ensevelir leurs morts. Ce n'étaient pas des lieux de culte, bien qu'on y célébrât parfois des offices commémoratifs. La chapelle des Papes, située dans la catacombe de Saint-Calixte, fut construite vers 250 ap. J.-C.

Le christianisme s'implante en Bretagne au début du IVe siècle, époque où cette mosaïque fut posée dans une villa romaine du Dorset, à Hinton Saint Mary. La figure dépeinte est celle du Christ, identifiable par le monogramme khi-rhô (combinant les premières lettres du mot grec Khristos, ou Christ). Les grenades symbolisent la vie éternelle.

Constantin le Grand

Ce socle sculpté supporte un obélisque rapporté d'Egypte et placé dans l'hippodrome de Constantinople. Il montre l'empereur Théodose Ier (379-395), entouré de sa famille et de ses courtisans, observant les courses depuis la loge impériale.

Refusant de partager le pouvoir, Constantin évince ses rivaux et réunifie l'Empire, dont il renouvelle la religion et change la capitale.

La division du gouvernement instaurée par Dioclétien ne survit pas longtemps à son abdication en 305. A l'ouest, Maxence s'est emparé de l'Italie et de l'Afrique du Nord. Constantin, qui a succédé à son père en 306 à la tête de l'Empire d'Occident, envahit l'Italie en 312, et défait Maxence à Turin et Vérone, puis à la bataille du pont Milvius. Constantin est désormais le maître incontesté des provinces occidentales. Il accepte tout d'abord de déléguer le pouvoir en Orient à Licinius ; mais, en 316, il se sent de force à braver son rival, et il s'empare de la Grèce et des Balkans. Après une trêve, en 324 Constantin triomphe enfin de Licinius. L'Empire romain est réunifié sous un gouvernement unique.

Constantin met son pouvoir au service de sa religion, le christianisme. Il prétend avoir vaincu Maxence grâce à une vision de la Croix qu'il a eue la veille du combat. Il déclare le christianisme religion d'Etat, confisque les biens des temples et fait construire des églises. Il se consacre aux questions théologiques et participe à des conciles ecclésiastiques

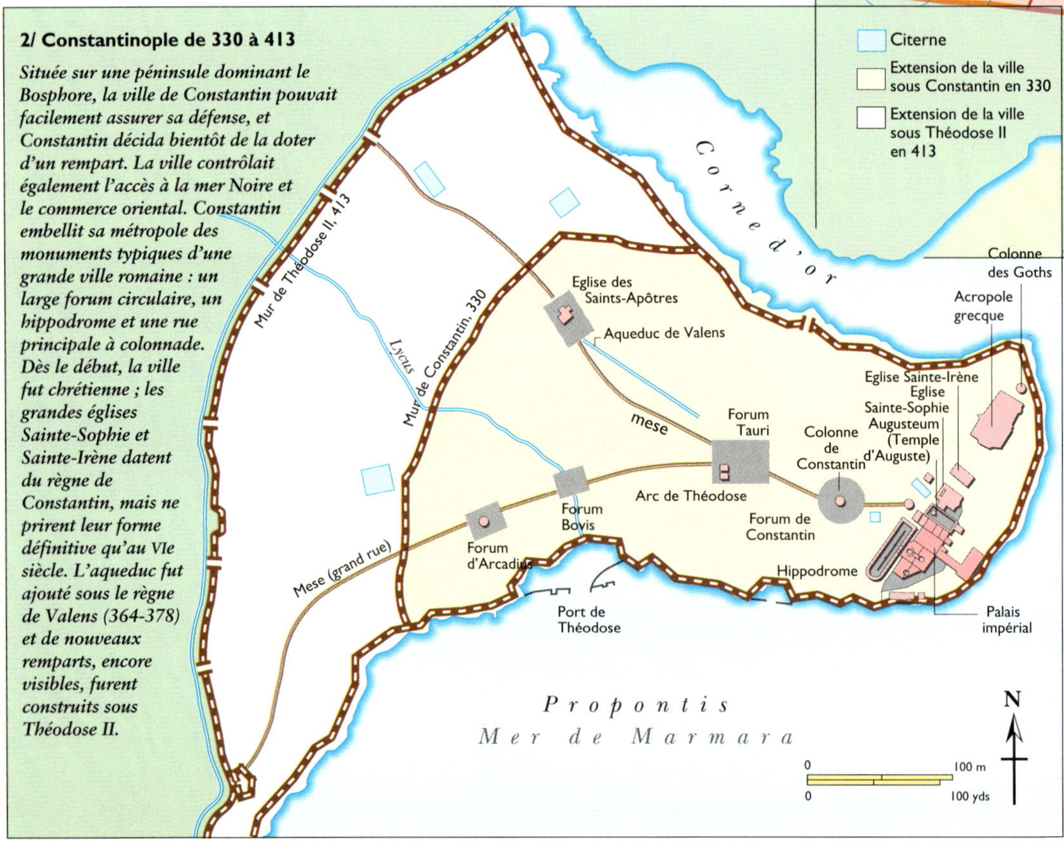

2/ Constantinople de 330 à 413

Située sur une péninsule dominant le Bosphore, la ville de Constantin pouvait facilement assurer sa défense, et Constantin décida bientôt de la doter d'un rempart. La ville contrôlait également l'accès à la mer Noire et le commerce oriental. Constantin embellit sa métropole des monuments typiques d'une grande ville romaine : un large forum circulaire, un hippodrome et une rue principale à colonnade. Dès le début, la ville fut chrétienne ; les grandes églises Sainte-Sophie et Sainte-Irène datent du règne de Constantin, mais ne prirent leur forme définitive qu'au VIe siècle. L'aqueduc fut ajouté sous le règne de Valens (364-378) et de nouveaux remparts, encore visibles, furent construits sous Théodose II.

Cette tête de Constantin faisait partie d'une colossale statue romaine. Ses dimensions massives et sa frappante simplicité suivent l'évolution des conceptions du pouvoir impérial.

qui ont lieu à Arles en 314 et à Nicée en 325. En 337, il se fait baptiser sur son lit de mort.

Constantin renforce également la sécurité de l'Empire, surtout le long de la frontière du Danube *(voir p. 86-87)*. Il crée au sein de l'armée des unités frontalières distinctes de l'armée territoriale. Il se révèle enfin un bâtisseur d'envergure à Trèves, sa première capitale, puis à Rome, où il installe des thermes et achève l'immense Basilica Nova dont les ruines surplombent aujourd'hui encore le Forum. Le Sénat ratifie un autre de ses projets, l'arc de Constantin, qui commémore sa victoire sur Maxence. L'un des actes les plus décisifs de Constantin est, en 330, la transformation de la cité grecque Byzance en une nouvelle capitale baptisée Constantinople.

Technologie et génie civil à Rome

Les connaissances techniques de Rome sont appliquées à de grands projets : routes, aqueducs et mines, mais aussi aux objets usuels.

La verrerie était produite dans tout l'Empire, allant des objets décoratifs sophistiqués jusqu'aux simples récipients domestiques, comme cette petite bouteille en verre, datant de la fin de l'Empire, destinée à recueillir des cosmétiques ou des potions médicinales.

L'Empire bénéficie d'un réseau routier adapté à tous les climats, qui a été commencé avec de grandes artères en Italie permettant aux troupes d'être transportées rapidement d'un point à un autre. Les méthodes de construction varient beaucoup d'un lieu à l'autre, car elles dépendent du type de matériaux disponibles et du sous-sol. Dans les régions marécageuses, la route peut prendre l'aspect d'une chaussée de gravier reposant sur des rondins. Dans les provinces orientales, les chaussées sont faites de pavés soigneusement disposés, dont les interstices sont comblés avec du matériau de remplissage. Les plus belles routes, comme la célèbre Via Appia, sont faites de dalles polygonales bien ajustées.

La construction des routes romaines est dirigée par des experts en génie civil. La construction des aqueducs nécessite des compétences encore plus grandes. Les aqueducs doivent conduire l'eau des sources vers les postes de ravitaillement. Ce sont généralement des canalisations au niveau du sol qui s'adaptent au relief – ce qui exige un contrôle avisé. Lorsqu'il s'agit de franchir les défilés, les aqueducs sont plus impressionnants : ils enjambent une vallée fluviale ou une plaine encaissée par des ponts à grandes arches, selon l'inclinaison du cours de l'eau déterminée d'après des paramètres précis.

Le vent, l'eau ou la force musculaire (humaine ou animale) fournissent les énergies motrices. Le vent est peu employé, sinon pour propulser les navires – les moulins viendront plus tard, au Moyen Age. L'eau est utilisée pour moudre, aussi bien dans de petits établissements au-dessus d'une rivière, comme ceux que l'on voit le long du mur d'Hadrien, que dans des moulins à eau construits en batterie sur la colline de Barbégal, en France méridionale et destinés à produire de la farine à une échelle industrielle.

Des lampes à huile en terre cuite étaient utilisées pour l'éclairage dans tout l'Empire. Le processus de fabrication est une des premières productions de masse : la glaise est pressée dans des moules en pierre pour former les moitiés supérieures et inférieures qui sont assemblées avant cuisson. De nombreuses lampes étaient ainsi produites selon un modèle unique. Celle-ci, dont le bec est encore couvert de suie, provient de l'Egypte romaine.

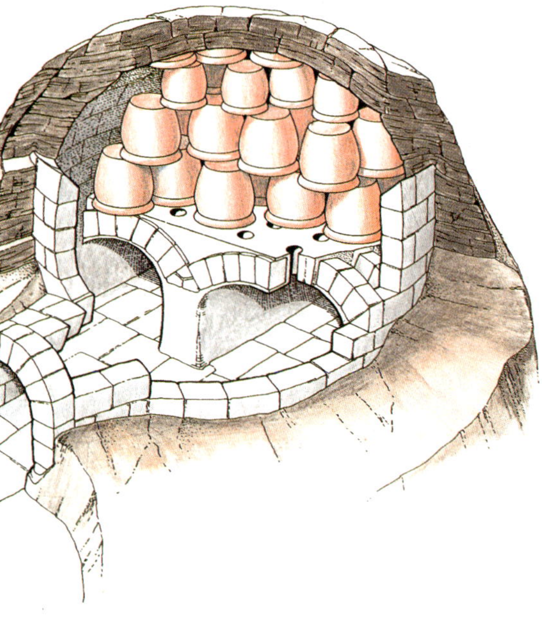

De nombreux types de fours servaient à cuire une grande quantité de poteries dans les provinces impériales. Ce four de Colchester était d'un type très répandu en Bretagne. Les chambres de combustion surmontées d'une voûte étaient enfoncées dans le sol et tapissées de brique ou de pierre. Au-dessus, les pots étaient disposés sur un plancher d'argile ventilé. Le toit de terre en dôme était reconstruit après chaque fournée.

La force musculaire est la source d'énergie traditionnelle. Des animaux ont fait tourner les moulins de Pompéi, et une nombreuse main-d'œuvre servile a certainement freiné l'adoption de techniques nouvelles – comme la première turbine à vapeur décrite par Héron d'Alexandrie.

Un autre progrès technologique concerne l'exploitation des mines, surtout pour les métaux précieux, comme le cuivre et le plomb. Les mines de la péninsule ibérique sont particulièrement productives et offrent les rares exemples des techniques utilisées par les Romains pour drainer les galeries les plus profondes, comme la pompe à piston et la roue hydraulique.

Outre ces grands travaux de génie civil, les Romains font preuve d'un grand savoir-faire en matière de manufacure d'objets plus modestes, comme la poterie et la verrerie. Certains de leurs ouvrages de verre sont d'une remarquable facture, par exemple le vase de Portland. Les Romains utilisent aussi le verre pour les ustensiles quotidiens comme les bouteilles. La poterie est également produite en quantité, notamment les amphores de divers styles (faites souvent localement) ou la vaisselle de table à stries rouges de Gaule et d'Afrique du Nord. Les fours, que l'on peut voir partout dans l'Empire, montrent les hautes températures que pouvaient obtenir les potiers romains grâce à une surveillance attentive ; leurs produits répandus à travers l'Empire témoignent à la fois de leurs talents et de leurs succès.

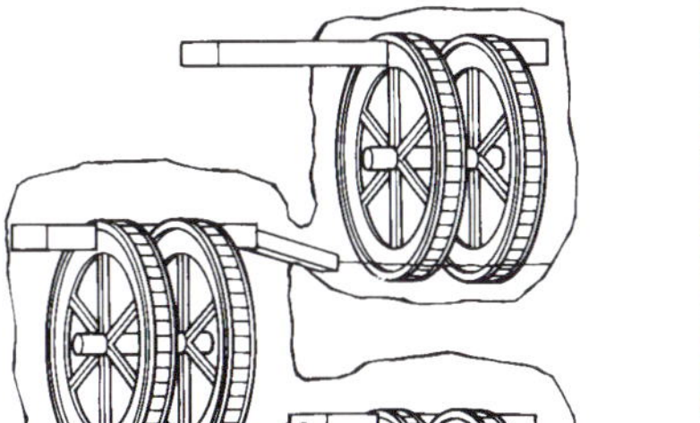

Les techniques d'exploitation minière des Romains incluaient parfois des pompes sophistiquées destinées à filtrer les couches inférieures de l'eau. Cette série de huit paires de roues hydrauliques fut trouvée dans les mines de cuivre de Rio Tinto, au Portugal.

Ce conduit de canalisation en plomb portant le nom de l'empereur Domitien (81-96) provient de la Domus Flavia, située à Rome, sur le Palatin. La plupart des canalisations d'eau étaient en terre cuite.

Ce bas-relief provenant d'une tombe du Ier siècle près de Rome montre une grue effectuant des travaux : la famille qui possédait le monument funéraire s'occupait peut-être d'entreprise de bâtiment. La grue fonctionnait à l'aide d'un treuil placé à sa base et manœuvré par des esclaves.

Une prospérité fragile

Après une période troublée, le IVe siècle offre pour de nombreuses régions de l'Empire romain un retour à la prospérité.

Les réformes de Dioclétien et de Constantin ont fixé les structures administratives et militaires de l'Empire, mais elles ont accablé d'impôts les citoyens les plus démunis. Dans les provinces occidentales, les villas rurales bénéficient de la prospérité, alors que les villes s'appauvrissent ; il semble que les riches propriétaires fonciers aient abandonné leurs résidences urbaines pour vivre sur leurs domaines. La menace militaire sur la frontière rhéno-danubienne et en Orient continue à inquiéter tout au long de ce siècle : une grande partie des revenus de l'Etat va aux soldes de l'armée et subventionne les fabriques d'armement et d'uniformes. Les grandes villes rattachées au gouvernement central défendent l'axe Rhin-Danube bien qu'elles soient assez éloignées de la frontière pour ne pas être directement exposées aux attaques de l'étranger : Trèves et Milan (puis Ravenne) à l'ouest, Sirnium et Constantinople à l'est.

Le règne de courte durée de l'empereur Julien illustre le mieux les préoccupations du moment. Entre 356 et 360, il combat les Francs et les Alamans en Gaule orientale, recréant une solide frontière rhénane. En 363, il perd une grande partie de ces acquisitions en rappelant ses troupes pour une brève campagne en Perse qui lui coûte la vie. Julien a surtout marqué son temps par sa tentative de restauration de la religion des dieux païens. Ce fut un échec : les évêques chrétiens continuèrent à exercer un pouvoir important jusqu'à la fin du siècle.

Orfèvrerie, joaillerie et monnaies romaines provenant d'un trésor trouvé à Hoxne, dans le Suffolk, en 1992. Une poivrière en argent représente le buste d'une impératrice, une breloque porte le prénom Juliana, et à l'un des colliers pend une pièce en or à l'effigie de l'empereur Gratien (règne 375-383 ap. J.-C.). Ce trésor fut enterré peu après 407, sans doute au moment des troubles qui suivirent l'effondrement de l'autorité romaine en Bretagne. Ce genre de riches cachettes témoigne du luxe dans lequel vivait encore une élite peu nombreuse, durant les dernières années de la domination romaine.

Des ecclésiastiques tels que l'évêque Ambroise de Milan (à droite, sur une mosaïque provenant de la chapelle Saint-Victor, à Milan) exerçaient une autorité considérable ; en 390 il exigea de l'empereur Théodose qu'il fasse publiquement pénitence pour un massacre commis à Thessalonique. Mais le paganisme résista longtemps, même dans l'entourage du pouvoir : cette plaque en ivoire du Ve siècle, à gauche, montre un empereur déifié enlevé à son bûcher funéraire par les dieux des Vents.

La chute de l'Empire d'Occident

La défaite à la bataille d'Andrinople est le premier des événements qui mènent au pillage de Rome.

« La dévastation, les massacres et pillages… qui marquèrent le récent désastre à Rome furent en accord avec la pratique guerrière… mais quelque chose vint modifier l'aspect de cette scène : la sauvagerie des barbares prit une telle forme que les plus grandes églises furent utilisées pour y abriter les gens désignés pour échapper au massacre. Il faut l'attribuer au nom du Christ et à l'influence du christianisme. »
Saint Augustin,
La Cité de Dieu.

En 375, les Wisigoths fuient les Huns qui envahissent leur territoire. Ils franchissent le Danube. L'Empire romain les tolère un moment, mais en 378, Valens, l'empereur d'Orient, lève une armée pour les expulser. C'est une erreur fatale : l'empereur trouve la mort au cours de la bataille d'Andrinople, et son armée est décimée. Théodose Ier, son successeur, conclut en 382 un traité de paix qui autorise la présence des Wisigoths sur le sol romain ; ils sont désormais considérés comme des alliés. Ils se rebellent pourtant, en 395, sous le commandement de leur nouveau chef Alaric. Ils espèrent obtenir des Romains de nouvelles concessions. Ils commencent à envahir les Balkans, et en 401, ils envahissent l'Italie du Nord. Le jeune empereur d'Occident, Honorius, et sa cour abandonnent leur résidence de Milan et se réfugient à Ravenne. Stilicon, régent d'Honorius et lui-même originaire de Germanie, refoule l'invasion.

La situation militaire en Occident devient critique en décembre 406, lorsque de nouveaux envahisseurs germains – Vandales, Alains et Suèves – forcent le passage du Rhin. Ils pillent Trèves et ravagent la Gaule, puis franchissent les Pyrénées et pénètrent en Espagne en 409. N'obtenant pas d'Honorius une reconnaissance positive, Alaric envahit l'Italie une nouvelle fois, et le 24 août 410, les Goths pillent Rome. Bien que la ville ne soit plus la capitale impériale, cet événement ébranle l'ensemble du monde civilisé. Alaric meurt la même année, et en 412, les Wisigoths atteignent la Gaule et l'Espagne. L'Italie reste aux mains des Romains. Les Wisigoths établissent un royaume indépendant en Aquitaine, en 418. De larges territoires d'Espagne sont sous le contrôle des Alains, des Suèves ou des Vandales.

Lorsque les Vandales pénètrent en Afrique et prennent Carthage en 439, l'Empire d'Occident vacille au seuil de sa fin.

Flavius Stilicon, représenté ici sur un panneau d'ébène, était Vandale. Il fit partie de ces nombreux soldats germains qui montèrent en grade au sein de l'armée romaine et finit par régner sur l'Empire d'Occident après la mort de Théodose Ier en 395. Cet habile politicien réussit à renvoyer dos à dos les Goths, l'Empire d'Orient et ses rivaux en Occident, mais ses périlleuses intrigues finirent par le faire destituer et exécuter en 408.

Ci-dessus : *La Porta Appia à Rome, connue aujourd'hui sous le nom de Porta San Sebastiano, vit le jour sous le règne d'Aurélien (270-275). Elle fut fortifiée par Maxence au début du IVe siècle, puis en 403 après la première invasion de l'Italie*

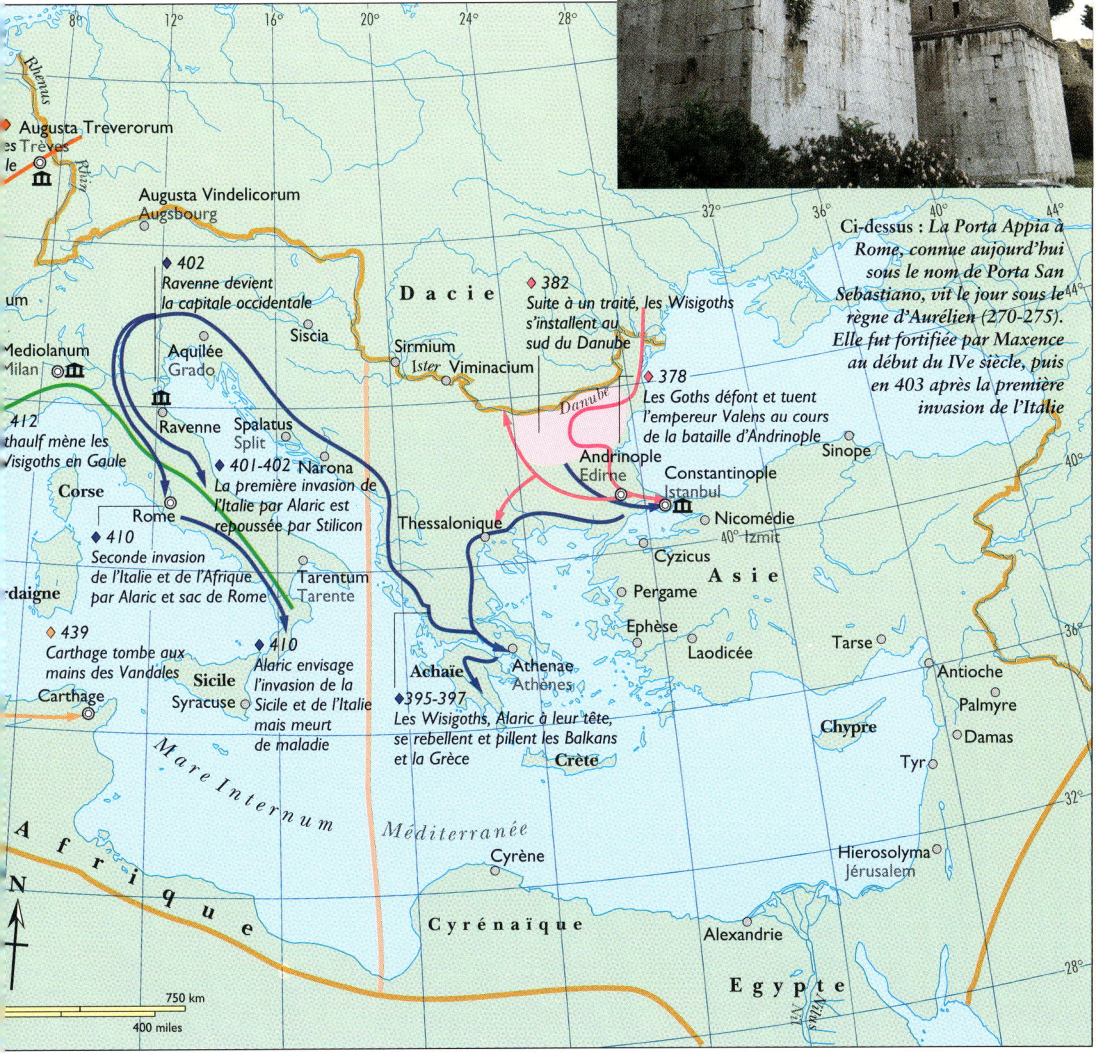

Les héritiers

Le mausolée de Théodoric à Ravenne. Le roi ostrogoth Théodoric chassa Odoacre en 488, avec l'aide de l'empereur byzantin Zénon, et gouverna l'Italie jusqu'à sa mort en 526.

Tandis que les empereurs romains continuent à gouverner leurs possessions orientales depuis Rome, les rois germains luttent pour le pouvoir en Occident.

A la fin du IVe siècle, l'Empire romain se trouve divisé en deux moitiés, à l'est et à l'ouest, chacune dirigée par un empereur. Ceux-ci s'affrontent, parfois ouvertement, et leur désaccord permet aux peuples germains d'affluer sur les fontières. L'Ouest, qui présente le plus de faiblesse, est démembré au cours du Ve siècle. Les Wisigoths établissent un royaume en Aquitaine en 418 et étendent leur influence sur l'Espagne. Les Vandales envahissent la Gaule et l'Espagne, puis passent en Afrique, et conquièrent cette ancienne province romaine en 439. Les Anglo-Saxons pénètrent à l'est de la Bretagne où ils s'implantent durant les IVe et Ve siècles, modifiant la langue et établissant leur royaume. A la fin du Ve siècle, la France tombe progressivement sous le contrôle des Francs ; en 507, ils défont les Wisigoths à Vouillé et avancent leurs frontières jusqu'aux Pyrénées. L'Italie même fait partie intégrante

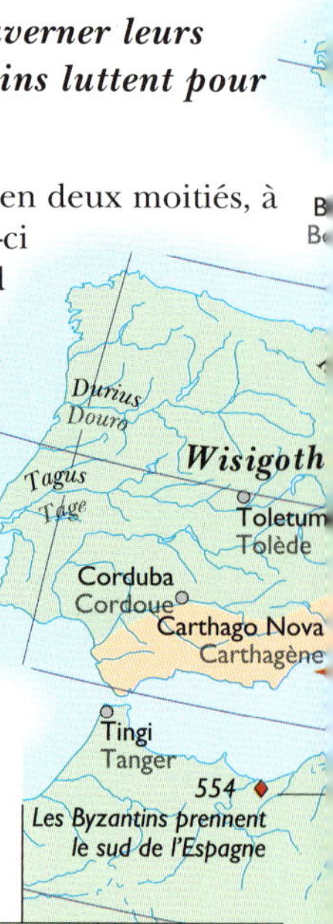

L'empereur Justinien (règne 527-565) représenté sur une mosaïque dans l'église San Vitale à Ravenne. La mosaïque fut exécutée peu après la prise de Ravenne par les troupes de Justinien en 540 ; cette ville demeura la capitale des territoires byzantins en Italie jusqu'en 751.

du royaume ostrogoth en 476, lorsque le dernier empereur romain, Romulus Augustus, est forcé d'abdiquer et se retire en Campanie.

Cette intégration des provinces romaines dans le royaume germain ne fait pas de rupture radicale avec le passé. Dans de nombreuses régions, l'aristocratie provinciale installée garde son entreprise et ses terres, continue à écrire en latin et à célébrer les rites ; mais elle est maintenant la vassale des élites germaines. Les nouveaux dirigeants ont besoin de ces notables pour gouverner leurs royaumes. Le christianisme demeure la religion dominante et les évêques acquièrent une importance croissante, sauf dans l'est de la Bretagne. Il faut une mission de saint Augustin (597) pour convertir les Anglo-Saxons au christianisme.

L'Empire d'Orient (devenu Empire byzantin) échappe au destin de l'Ouest et continue à prospérer grâce à l'habilité de plusieurs empereurs. Durant la première moitié du VIe siècle, Justinien reconquiert même certaines provinces occidentales : l'Afrique du Nord, où le royaume vandale tombe en 533 ; l'Italie et la Sicile, où les Byzantins maintiennent leur influence deux cents ans encore ; et l'Espagne.

Mais ce dernier pays ne reste pas longtemps en son pouvoir. La majeure partie de l'Italie tombe aux mains des Lombards en 568. Au milieu du siècle suivant, les Slaves, dans les Balkans, les Arabes au Proche-Orient et en Afrique du Nord prennent la plupart des territoires de Byzance. A partir de cette date, l'Empire ne sera plus qu'un Etat parmi d'autres à lutter pour le pouvoir dans le monde méditerranéen du Haut Moyen Age.

Dirigeants de Rome, 753 av. J.-C. - 565 ap. J.-C.

ROIS LÉGENDAIRES DE ROME

Avant Jésus-Christ	
753-717	ROMULUS
715-673	NUMA POMPILIUS
673-642	TULLUS HOSTILIUS
642-617	ANCUS MARTIUS
616-579	TARQUIN L'ANCIEN
578-535	SERVIUS TULLIUS
535-510	TARQUIN LE SUPERBE

GRANDS HOMMES D'ETAT DE LA RÉPUBLIQUE

509	Lucius Junius BRUTUS, *consul*
486	Spurius CASSIUS, *consul*
485-479	*Le consulat est occupé par la famille patricienne des* FABII
458	Lucius Quinctius CINCINNATUS, *dictateur*
451-450	Le Decemvirat *(conseil composé de dix citoyens)*
396	M. Furius CAMILLE, *dictateur*
376	P. Licinius Stolon et Lucius Sextius Lateranus, *tribuns*
356	C. Marcus RUTILIUS, *premier dictateur plébéien*
312	APPIUS CLAUDIUS CAECUS, *censeur*
217	Q. FABIUS MAXIMUS, *dictateur*
205, 194	P. Cornelius SCIPION (L'AFRICAIN), *consul*
184	M. Porcius CATON, *censeur*
168	L. Aemilius Paulus, *consul*
142	P. SCIPION EMILIEN *et* L. MUMMIUS, *consuls*
133	TIBERIUS GRACCHUS, *tribun*
123-122	GAIUS GRACCHUS, *tribun*
115	M. Aemilius SCAURUS, *prince du Sénat*
109	Q. Caecilius METELLUS, *consul*
107-86	G. MARIUS, *sept fois consul*
81-79	Lucius Cornélius SYLLA, *dictateur*
66	Gn. Pompeius (POMPEE), *reçoit le pouvoir extraordinaire*
63	M. Tullius CICERON, *consul*
60-53	*Premier triumvirat :* POMPEE, JULES CESAR, M. Licinius CRASSUS
49-44	JULES CESAR, *dictateur*
43-36	*Second triumvirat :* G. Julius Caesar Octavianus (OCTAVE), Marc Antoine, M. Aemilius LEPIDE
30-27	OCTAVE, *consul, reçoit le pouvoir extraordinaire*

EMPEREURS

La dynastie julio-claudienne

27 av. J.-C.-14 ap. J.-C.	AUGUSTE (Octave)
14-37	TIBERE
37-41	Caius Caesar Germanicus (CALIGULA)
41-54	Tiberius Claudius Nero Germanicus (CLAUDE)
54-68	NERON
68-69	Servius Sulpicius GALBA
69	M. Salvius OTHON
69	Aulus VITELLIUS

La dynastie flavienne

69-79	T. Flavius Vespasianus (VESPASIEN)
79-81	TITUS Flavius Vespasianus
81-96	T. Flavius Domitianus (DOMITIEN)

Les empereurs adoptés

96-98	M. Cocceius NERVA
98-117	Marcus Ulpius Traianus (TRAJAN)
117-138	P. Aelius Hadrianus (HADRIEN)
138-161	T. Aurelius Fulvus Boionius Arrius Antoninus (ANTONIN LE PIEUX)
161-180	Marcus Aelius Aurelius Verus (MARC AURELE)
161-169	L. Aurelius Verus (LUCIUS VERUS)
180-192	L. Aurelius Commodus (COMMODE)
193	P. Helvius PERTINAX
193	M. DIDIUS JULIANUS
193-194	G. PESCENNIUS NIGER
193-197	Decimus CLODIUS ALBINUS

La dynastie des Sévères

193-211	Lucius SEPTIME SEVERE
211-217	M. Aurelius Antoninus (CARACALLA)
211-212	P. Septimius Geta (GETA)
217-218	M. Opellius Macrinus (MACRIN)
218-222	M. Aurelius Antoninus (ELAGABAL)
222-235	M. Aurelius Severus (SEVERE ALEXANDRE)
235-238	G. Julius Verus Maximinus (MAXIMIN)
238-244	M. Antonius Gordianus (GORDIEN III)
244-249	M. Julius Philippus (PHILIPPE)
249-251	G. Messius Quintus Traianus Decius (DECE)
251-253	G. Vibius Trebonianus GALLUS
253-260	P. Licinius Valerianus (VALERIEN)
253-268	P. Licinius Egnatius Gallienus (GALLIEN)

Les empereurs gaulois

259-268	M. Cassianus Latinius Postumus
268-270	M. Piavonius Victorinus
270-273	G. Pius Esuvius Tetricus

Les empereurs illyriens

268-270 M. Aurelius CLAUDIUS (CLAUDE II)
270-275 L. Domitius Aurelianus (AURELIEN)
275-276 M. Claudius TACITE
276-282 M. Aurelius PROBUS
282-283 M. Aurelius CARUS

283-284 M. Aurelius Numerius Numerianus (NUMERIEN)
283-285 M. Aurelius CARINUS
284-305 C. Aurelius Valerius Diocletianus (DIOCLETIEN)

La trétrarchie

A l'ouest

286-305 M. Aurelius Valerius Maximianus (MAXIMIEN)
305-306 Flavius Valerius Constantius (CONSTANCE)
306-132 M. Aurelius Valerius Maxentius (MAXENCE), *usurpateur à Rome*
306-337 Flavius Valerius Constantinus (CONSTANTIN)

A l'est

284-305 DIOCLETIEN
305-311 GALERE
308-324 C. Valerius Licinianus LICINIUS

La maison de Constantin

307-337 CONSTANTIN Ier le Grand, *empereur unique à partir de 324*

337-340 Flavius Claudius Constantinus (CONSTANTIN II)
337-350 Flavius Julius Constans CONSTANT
337-361 Flavius Julius Constantius (CONSTANCE II)

350-353 Flavius Magnus Magnentius (MAGNENCE), *usurpateur à Rome*

360-363 Flavius Claudius Julianus (JULIEN l'Apostat)

363-364 Flavius Jovianus (JOVIEN)

La maison de Valentinien

A l'ouest

364-375 Flavius Valentinianus (VALENTINIEN Ier)
375-383 Flavius Gratianus (GRATIEN)
383-388 Magnus Maximus, *usurpateur*
388-392 Valentinianus (VALENTINIEN II)
392-394 Eugenius, *usurpateur*

A l'est

364-378 Flavius Valens (VALENS)
379-395 Flavius Theodosius (THEODOSE Ier)

La maison de Théodose

379-395 THEODOSE Ier, *empereur unique 394-395*

395-423 HONORIUS

395-408 ARCADIUS
408-450 THEODOSE II

*

423-425 JOHANNES (Jean), *usurpateur*
424-455 VALENTINIEN III
455 Petronius MAXIMUS
455-456 AVITUS
457-461 MAJORIEN
461-465 Livius Sévérus
467-472 ANTHEMIUS
472 OLYBRIUS
473-474 GLYCERIUS
474-475 JULIUS NEPOS
475-476 Romulus Augustus (AUGUSTULUS)

450-457 MARCIEN
457-474 LEON
474-491 ZENON
491-518 ANASTASE
518-527 JUSTIN
527-565 JUSTINIEN

Bibliographie

Nous avons sélectionné, dans l'immense bibliographie consacrée à l'histoire et à la civilisation romaines, des ouvrages d'accès facile, dont certains sont des « classiques », et d'autres reflètent les tendances actuelles de la critique. Le caractère attrayant de ces études a également été pris en compte dans notre choix.

Auteurs anciens :

Les textes et traductions des auteurs grecs et latins (notamment, des historiens) sont aisément accessibles dans la « Collection des Universités de France » (dite «Collection Budé »), aux éditions Les Belles Lettres, Paris.

Ouvrages généraux :

DELORME (J.), *Les grandes dates de l'Antiquité*, « Que sais-je ? » n° 1013, P.U.F. 1973

CORNELL (I.), MATTHEWS (J.), *Atlas du monde romain*, Introd. de P. Grimal, Nathan, 1984

AYMARD (A.) et AUBOYER (J.), *Rome et son empire*, P.U.F., 5e éd. 1967

GRIMAL (P.), *La civilisation romaine*, Arthaud, 1960 ; *La vie à Rome dans l'Antiquité*, « Que sais-je ? » n°2135, 6e éd. , 1972

JERPHAGNON (E.), *Histoire de la Rome antique, Les armes et les noms*, Coll. «Pluriel», Tallandier, 1994

GAILLARD (J.), *Rome, le temps, les choses*, Actes Sud, 1995

FREDOUILLE (J.-C.), *Dictionnaire de la civilisation romaine*, Larousse, 1992

LE GLAY (M.), VOISIN (J.-I.), LE BOHEC (Y.), *Histoire romaine*, P.U.F., 1992

NICOLET (C.) (ouvrage collectif), *Rome et la conquête du monde méditerranéen*, 2 vol., Coll. «Nouvelle Clio», P.U.F., 1977-1978

Ouvrages traitant de questions particulières :

SYME (Sir R.), *La révolution romaine*, trad. franç., Gallimard, 1967

PETIT (P.), *La paix romaine*, P.U.F., 1971

NICOLET (C.), *L'inventaire du monde, géographie et politique aux origines de l'Empire romain*, Fayard, 1988

VEYNE (P.), *Le pain et le cirque*, Le Seuil, 1976

JERPHAGNON (E.), *Le divin César*, Tallandier, 1991

CONNOLY (P.), *L'armée romaine*, trad. franç., éd. Chantecler, 1976

LE BOHEC (Y.), *L'armée romaine sous le Haut-Empire*, Picard, 1989

DUPONT (E.), *La vie quotidienne du citoyen romain sous la République*, Hachette, 1989

GRIMAL (P.), *Les villes romaines*, « Que sais-je ? » n° 657, P.U.F., 5e éd. 1977

GAILLARD (J.), MARTIN (R.), *Les genres littéraires à Rome*, Nathan, 1990

GAILLARD (J.), *Approche de la littérature latine, des origines à Apulée*, Coll. «128» n°49, Nathan, 1992

MARTIN (R.), *Approche de la littérature latine tardive et protomédiévale*, Coll. «128» n°49, Nathan, 1994

LE GLAY (M.), *La religion romaine*, Armand Colin, 1971

Index

Les pages des cartes et légendes sont en caractères **gras** ; celles des citations sont en *italiques*.

GENERAL

LIEUX

Crédits photographiques

Alinari, Florence : 21 haut droite, 22 bas gauche, 67, 90

Ancient Art and Architecture Collection, Middlesex : 109, 123

Bridgeman Art Library, Londres : 57hg, 89

British Museum : 50hg, 54b, 55, 80hg, 96bd, 125, 130

Bildarchive Foto Marburg : 57bg

Codex Photographic Archive, Londres : 14, 18, 19, 20, 24, 28, 37cd, 37cg, 40, 52hg (photos : Ian Johnson), 54cg, 54c, 56, 72, 75, 79hd, 79hg, 79bbbg, 94, 95, 96hg, 97, 103bg, 108, 111, 117, 119, 120bg, 126, 128bg, 128hg

Deutsches Archaeologisches Institut, Rome : 16bg, 60cd

C. M. Dixon, Canterbéry : 39, 78h, 83hd, 92, 104, 118hg, 120hd, 134, 135

Werner forman Archive, londres : 16hd, 17, 21cg (Museo Nazionale romano, reome), 103h (Musée national de Damas), 106, 115 (Academia de la Historia, Madrid), 129bg (Museo Gregoriana Profano)

Giraudon, Paris : 43

Robert Harding Picture Library, Londres : 107

Hirmer Fotoarchive, Munich : 27
Michael Holford Collection, Essex : 85, 121

Office de tourisme du gouvernement israélien : 58

Mansell Collection, Londres : 34, 35, 46, 52b, 59, 69b, 103bd, 131hg

Museo Arqueologico Nacional, Madrid : 12hg

Museo Nuovo nel Palazzo dei Conservatori, Rome : 15

Princeton University (Department of Art and Archeology) : 74h, 77hg

Roger-Viollet, Paris : 62bg

Scala, Florence : 22h, 41, 71, 98, 122, 131hd

Chris Scarre : 12bd, 13hg, 25, 26, 34b, 42, 44, 45, 48cg, 60hg, 63, 66, 68, 69h, 74bg, 76, 77bd, 80b, 99, 101bd, 105, 113, 116, 118b, 129cd, 133hd

Society of Antiquaries, Londres : 50bd

Ted Spiegel, South Salem, New York : 62hg (West Point Military Academy)

Vindolanda Trust, Hexham : 78b

Walters Art Library : 37bd